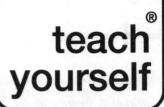

teach yourself

beginner's italian
vittoria bowles
advisory editor
paul coggle

D0063467

For over 60 years, more than 40 million people have learnt over 750 subjects the **teach yourself** way, with impressive results.

be where you want to be
with **teach yourself**

For UK order enquiries: please contact Bookpoint Ltd, 130 Milton Park, Abingdon, Oxon OX14 4SB. Telephone: +44 (0) 1235 827720. Fax: +44 (0) 1235 400454. Lines are open 09.00–18.00, Monday to Saturday, with a 24-hour message answering service. Details about our titles and how to order are available at www.teachyourself.co.uk

For USA order enquiries: please contact McGraw-Hill Customer Services, PO Box 545, Blacklick, OH 43004-0545, USA. Telephone: 1-800-722-4726. Fax: 1-614-755-5645.

For Canada order enquiries: please contact McGraw-Hill Ryerson Ltd, 300 Water St, Whitby, Ontario L1N 9B6, Canada. Telephone: 905 430 5000. Fax: 905 430 5020.

Long renowned as the authoritative source for self-guided learning – with more than 40 million copies sold worldwide – the **teach yourself** series includes over 300 titles in the fields of languages, crafts, hobbies, business, computing and education.

British Library Cataloguing in Publication Data: a catalogue record for this title is available from the British Library.

Library of Congress Catalog Card Number: on file.

First published in UK 1992 by Hodder Arnold, 338 Euston Road, London, NW1 3BH.

First published in US 1992 by Contemporary Books, a Division of the McGraw-Hill Companies, 1 Prudential Plaza, 130 East Randolph Street, Chicago, IL 60601 USA.

This edition published 2003.

The **teach yourself** name is a registered trade mark of Hodder Headline Ltd.

Typeset by Transet Limited, Coventry, England.
Printed in Great Britain for Hodder Arnold, a division of Hodder Headline, 338 Euston Road, London NW1 3BH, by Cox & Wyman Ltd, Reading, Berkshire.

Hodder Headline's policy is to use papers that are natural, renewable and recyclable products and made from wood grown in sustainable forests. The logging and manufacturing processes are expected to conform to the environmental regulations of the country of origin.

Impression number   10 9 8 7 6 5
Year   2009 2008 2007 2006 2005

contents

introduction

Italians respond well when foreigners – however imperfectly – speak Italian to them, and will often go out of their way to assist and communicate. A basic knowledge of the language will not only help you feel at ease in the host country but also make your stay there easier and more rewarding by saving time and avoiding unnecessary complications. An acquaintance of mine, visiting Italy with no knowledge of Italian, was directed by a helpful passer-by to an imposing building, guarded by armed uniformed police, when he had asked (or thought he had asked) for the nearest public toilets! Recounting this when back home no doubt provided amusement but it must surely be more satisfying to have a better understanding and control of the situation.

The purpose of this book is to enable you to achieve basic two-way understanding with Italians in uncomplicated practical everyday situations. Remember that being able to communicate in any language requires confidence and this can most easily be obtained through practice. Take every opportunity to listen to and, more importantly, to speak your new-found Italian. Do not be put off by any mistakes you may make; if you have spoken and understood the response then you have achieved communication and that is the name of the game! This book is a first step which when mastered will provide a foundation on which, should you wish, a deeper knowledge and understanding of the Italian language and culture can be built.

how the course works

This course is divided into two parts, each of which has ten units: Part One deals with what are termed language *functions*, that is each unit covers particular principles of the language that are common to many different situations. It is important that you tackle the first ten units **thoroughly** and in the order in which they are presented. Practise them until they become second nature and only then proceed to Part Two of the book. The units in Part Two expand on and better illustrate the points made in Part One in addition to introducing further topics. These units may be studied in whatever sequence you prefer.

Making the most of the course

The following rules of thumb are intended to make the language learning process as effective and rewarding as possible.

* The best way to achieve good results in the shortest time is to treat language-learning as a serious hobby/project. Devote a certain minimum amount of time, say thirty minutes, to it **every day**. Regular study is the secret.
* Should you feel at times that you are not progressing as well as you would wish, have patience with yourself: one's learning rate is variable. There will be 'good days' and 'not so good days'. Always wait until you are confident of the material covered so far before moving on to the next stage.
* In this respect learning a language is like learning to drive: reading and learning the driving manual is certainly important but without practising the driving skills you cannot learn to control a car.

- Talk to yourself out loud (warn the family first!), repeating vocabulary and sentences and imagining the various situations you encounter in the book. It would be of great benefit to learn with a friend so that you can act as a sounding board for each other. If you have a friend who knows some Italian talk to him or her.
- If you have the recording which accompanies this book, record your voice and compare your pronunciation with that on the recording. Ask yourself, and practise saying, the names of things in Italian.
- Train your ear to respond to the sound of the language by listening to Italian as much as possible: in the car, while working indoors or in the garden.
- Make sure that the book is always to hand so that you can refresh your memory about anything you find you are unsure of.
- Include plenty of periods of revision in your learning programme to ensure that what you have learnt becomes firmly implanted in your memory.

If you follow these guidelines and remember that it does not matter if you make a few mistakes in getting the message across, then you will be a successful student.

Symbols

▶ Indicates that a recording accompanies this section.

ℹ Information about life and customs in Italy.

A few words about the recording

- Although this book can successfully be used on its own, the purchase of the recording will enhance both your pronunciation and your comprehension abilities as well as giving you the opportunity for aural revision.
- While you are working with Units 1–10 of the book start by listening to the recording and try to understand what is being said. Go over each dialogue bit by bit with the assistance of the **Key words and phrases** until you are confident that you understand every word; make full use of the pause and replay buttons on your CD/cassette player.
- In Units 11–20 you are advised to listen to the recording first. Try to get the gist of what is being said and only then use the book to complete your understanding.

▶ Pronunciation guide

Italian is always pronounced as it is spelt. Once you have learnt the following rules relating to how the letters and vowels sound you will find the pronunciation of every new word quite straightforward.

It should be noted that, with very few exceptions, all true Italian words end in a vowel and that all vowels must be pronounced – including an e when it occurs at the end of a word. The Italian alphabet has only 21 letters: k, w, x and y are used only in foreign words. J is nowadays confined to a few place names (e.g. Jesolo) and surnames (e.g. Tajoli).

If you have the recording, listen to it and repeat aloud each sound and the Italian words given in the examples.

The English sounds given below as a guide are those used in standard Southern English.

Vowels

a	as a in *bath*	casa, artista
e	has two sounds:	
	as e in *well*	bello, vento
	as e in *they*	verde, penna
i	as i in *machine*	lira, pizza
o	has two sounds:	
	as o in *not*	posta, opera
	as o in *fort*	totale, somma
u	as u in *rule*	turista, luna

Consonants

c	has two sounds:	
	before e or i, as ch in *chilly*	cena, ciao
	before h, a, o, or u, as ch in *chemist*	chiave, cosa, scusi
g	has two sounds:	
	before e or i, as g in *gentle*	gentile, giardino
	before h, a, o, or u, as g in *garden*	gondola, spaghetti

h   is never pronounced. When it follows **c** or **g**, it gives them a *hard* sound (see letters **c** and **g** above).

r   is always *rolled* as in
Scottish English   carne, raro

s   has two sounds:
      as **s** in *set*   sicuro, sì
      as **se** in *rose*   rosa, musica

z   has two sounds:
      as **ts** in *pets*   grazie, stazione
      as **tz** in *tzar*   zero, zona

Double consonants

These are pronounced as the single consonant but with a slightly longer sound. See if you can produce/hear the difference:

pala, palla; dona, donna; soma, somma; papa, pappa; caro, carro.

Combined letters

ch	as **ch** in *architect*	chiave
gh	as **g** in *get*	spaghetti
gli	as **lli** in *brilliant*	gigli
gn	as **ni** in *onion*	bagno, signora
qu	as **qu** in *quality*	quando, quadro

sc has two sounds:
      when followed by **e** or **i**,
      as **sh** in *shoe*   scialle, scena
      when followed by **h, a,**
      o, or **u**, as **sk** in *sky*   scuola, scolaro

Stress

As you know, many words consist of two or more *syllables* joined together, for example **bi-cy-cle**. When you pronounce a word you put stress on, that is you emphasize, a particular syllable of the word. Bi-cy-cle, for instance, is stressed on the first syllable and sounds very odd if the stress is wrongly placed.

Getting the stress in the right place is an important aspect of making yourself understood in a foreign language, but it is relatively easy in Italian, as most Italian words are stressed on the syllable before last, as in bi-ci-**clet**-ta. When the stress falls on the last syllable an accent is placed above it: città, qualità.

Sometimes the stress is on the third or even the fourth syllable from the end and as there is no fixed rule for these words, you will have to memorize them. In this book a dot below the stressed syllable is used to help you with such words, e.g. Napoli.

Some advice on mastering pronunciation

If you have difficulty in pronouncing a word try to relax as much as possible (particularly the facial muscles) and divide it into syllables: **cameriere** *waiter* will become **ca-me-rie-re**. However, it is not important that you should acquire perfect pronunciation immediately. The aim, as previously mentioned, is to be understood. Here are a number of techniques for learning pronunciation:

1 Listen carefully to the recording and to native speakers or teachers. If possible repeat the dialogues out loud pretending that you are a native speaker of Italian.
2 Record your voice and compare your pronunciation with examples spoken by native Italians.
3 If possible, ask native speakers to listen to your pronunciation and tell you how to improve it. If in great difficulty with a particular sound, ask a native speaker how it is formed. Watch how they shape it and then practise it in front of a mirror.
4 Make a list of words that give you pronunciation problems and practise them.
5 Practise the sounds on their own and then use them progressively in words, sentences and tongue-twisters such as **tre tigri contro tre tigri** (three tigers versus three tigers).

▶ Pratica *Practice*

Practise out loud the names of the places below and look at the map on the next page to see where they are:

Aosta	Ancona	Torino	Perugia
Genova	L'Aquila	Napoli	Roma
Trento	Napoli	Trieste	Bari
Venezia	Potenza	Bologna	Catanzaro
Firenze	Palermo	Pisa	Capri
Siena	Ischia	Cagliari	San Gimignano

ITALIA

01

come sta?

how are you?

In this unit you will learn how to
- say 'hello' and 'goodbye'
- exchange greetings
- say 'please' and 'thank you'
- ask people to speak more slowly
- make a simple apology

Before you start

Read the **Introduction** and **How the course works** on pages vi–xii. This gives you some useful advice on how to make the most of the course.

Different people have different ways of learning: some need to know rules for everything, others like to feel their way intuitively. In this unit you will be able to find out what works best for you.

If you have the recording ▶ that goes with this book make sure you have your CD/cassette player next to you so that you'll be able to listen to the correct pronunciation of the new words. If you don't have the recording, the **Pronunciation guide** on pages ix–xi will help you.

Activity

Can you think of any Italian words such as the words for 'hello' and 'thank you'? If you can, say them out loud, and then look at the section **Key words and phrases** below to check the answers.

Key words and phrases

If you have the recording, look at the section **A few words about the recording** on page viii to find out how to listen to the key words and dialogues.

buongiorno	*good morning/good day/good afternoon*
buonasera	*good evening/good afternoon*
buonanotte	*good night*
arrivederci	*goodbye/see you soon*
arrivederla	*goodbye/see you soon*
ciao	*hello/hi/so long/cheerio*
signore	*Sir/gentleman/lord*
signor	*Mr*
uomo	*man*
signora	*Madam/Mrs/Ms/lady*
donna	*woman*
signorina	*Miss/young lady/young woman*

sì	yes
no	no
per favore	please
grazie	thank you (this can be used after sì as well as after no)
prego	you're welcome! don't mention it!
prego?	pardon? (if you want something to be repeated)
scusi	sorry/excuse me (also used to attract someone's attention)
mi dispiace	I am sorry/I beg your pardon
come sta?	how are you?
bene, grazie	well, thank you
e Lei?	and you?
molto bene, grazie	very well, thank you
non troppo bene	not too well
non c'è male	not too bad (c'è is pronounced as che in cherry)
parlare	to speak
parla inglese/italiano?	do you speak English/Italian?
parli più lentamente	speak more slowly
va bene	OK/all right

Learning vocabulary

There are several ways of learning vocabulary. Find out the way which works best for you; here are a few suggestions:

1 Say the words out loud as you read them.
2 Write the words over and over again.
3 Study the list from beginning to end, then backwards.
4 Associate the Italian words with similar sounding words in English.
5 Associate words with pictures or situations, e.g. **buongiorno**, **buonasera** with shaking hands.
6 Use coloured pencils to underline or group words in a way that will help you to remember them.
7 Copy words on to small cards or slips of paper, English on one side, Italian on the other. Repeatedly shuffle and reverse them so that the words are presented in random order. Give the English word if the Italian is presented and vice versa.
8 If you have the recording listen to it several times and at the end of each dialogue try to imagine the situation of the conversation and see if you can remember what to say.

Dialoghi *Dialogues*

Listen to (or read) the following dialogues before practising them as suggested.

▶ Dialogo 1

Signora Verdi	Buongiorno, signor Brunetti.
Signor Brunetti	Buongiorno, signora Verdi. Come sta?
Signora Verdi	Bene, grazie. E Lei?
Signor Brunetti	Molto bene. Arrivederla signora.
Signora Verdi	Arrivederla.

Play the parts of both **signora** Verdi and **signor** Brunetti and repeat the dialogue until you are confident about it.

While reading these dialogues remember to make the question and exclamation marks heard. (See item 4 of **Grammar** on page 5.)

▶ Dialogo 2

Mr Jones	Scusi, parla inglese?
Signorina Bini	Sì, molto bene.
Mr Jones	Parli più lentamente, per favore!

Now play the parts of both Mr Jones and the **signorina**, paying particular attention to pronouncing the question. Can you repeat this dialogue without looking at it?

▶ Dialogo 3

You	Buonasera, signora, come sta?
Signora Massa	Non troppo bene.
You	Mi dispiace!
Signora Massa	E Lei, come sta?
You	Non c'è male, grazie.

Read the above dialogue several times until you have learnt the sentences and are absolutely sure of the meaning of each word.

Grammar

1 Greetings

Buongiorno (or **buon giorno**) is used until about 4 p.m. in summer or when it's getting dark in winter, after which **buonasera** (or **buona sera**) is used. Both greetings are used when meeting or leaving someone. **Buonanotte** (or **buona notte**) is only used when taking one's leave at night or before going to bed.

2 'Goodbye'

Arrivederci is used when taking leave from a person you wish to or may see again; you could also use it when leaving a shop. **Arrivederla** is more formal and is used to show greater regard for the person. **Ciao** means both *hello* and *goodbye*, and is used only among close friends, members of one's family and with children, as it is very informal.

3 Mr and Mrs

Remember that **signor** means *Mr* so it's always followed by a man's name. (When addressing a man without using his name use **signore**.) When calling or talking to a person in a formal way one says: **signor** Verdi, **signora** Verdi, **signorina** Verdi. When referring to yourself (in a formal way) or others you will say **il signor...**, **la signora...**, **la signorina...**: io sono la signora Nelson. In Italian it is quite polite to call a young woman who is not married **signorina** but the tendency is to call an adult woman **signora** whether she is married or not.

4 Asking questions

To ask a question in Italian you simply raise the pitch of your voice at the end of the sentence. In writing, you end with a question mark as in English.

5 Lei/tu *you*

E Lei? e means *and*, Lei means *you*. When talking to one person there are two ways of saying *you*: **Lei**, often written with a capital letter, must be used for a formal address, and **tu** for close friends, children and family.

Pratica *Practice*

1 How would you say 'hello' to the following people at the times shown? Remember to add **signore, signora, signorina.**

a   b   c

18.00   *11.00*   *22.00*

2 It is late at night and you decide to go to bed. What would you say to your host?

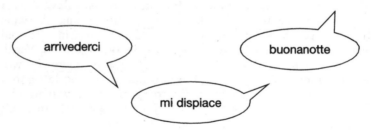

3 A street seller is trying to sell you an oriental carpet, but you are not interested. What do you say?

4 A woman inadvertently drops a banknote on the pavement; you wish to attract her attention. What do you say? _____

She turns and you point at the note on the pavement. She thanks you. What do you answer? _____

Now she asks you a question: you don't hear it properly. What do you say? _____

You are still uncertain of what she is saying: she is speaking too fast. What do you ask her to do?

_____ _____ _____ , **per favore.**

She wants to know if you speak English: what does she say?

_____ _____ ?

5 Use the clues to complete the grid and find, in the vertical shaded box, a word which is used when you want someone to repeat something which you have not quite heard or understood.

a You've spilt some wine – you begin your apology ...
b You greet someone after 4 p.m.
c The answer to **grazie.**
d You are asked **come sta?**
e What you add when asking a favour?
f And you?

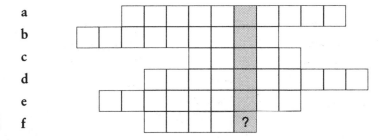

🚹 Meeting people

Italians tend to shake hands to greet each other. If they are close friends they may kiss on both cheeks: this happens particularly on special occasions such as meeting after (or leaving for) a long time, weddings, funerals and other important or solemn situations.

If you ask **Come sta?** you may not always get the standard answer **Bene grazie, e Lei?** You may get instead a series of complaints about their blood pressure or duodenal ulcer in which case you are advised to nod and shake your head for a reasonable amount of time, pretending that you perfectly understand and commiserate, and then try to manoeuvre the conversation to a more pleasant topic.

▶ Un piccolo test *Mini-test*

What do you say if:

1 you wish to attract someone's attention?
2 you meet an Italian acquaintance in the late afternoon?
3 someone thanks you?
4 you want something repeated?
5 you step on someone's foot?
6 an acquaintance asks how you are and you wish to know how he/she is?
7 you wish to know whether a shop assistant speaks English?
8 someone is speaking too fast?

Check the answers to **Un piccolo test** in **Key to the exercises and tests** at the end of the book. If you've got them all right, you are ready to move on to Unit 2. If you found the test difficult, spend more time revising Unit 1. Follow this principle throughout Units 1–10, and you'll know that you are building up a reliable bank of knowledge.

02

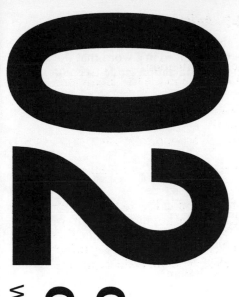

come si chiama?

what's your name?

In this unit you will learn how to
- say who you are
- ask who other people are
- deny something
- enquire about someone's nationality and tell them your own

Before you start

Sometimes a letter will be shown with a dot below it (ę): this indicates where the stress is to be placed in a word that does not follow the rules given in the **Pronunciation guide** (see notes on stress, page x).

Activity

Can you remember how to:

1 ask someone how he/she is?
2 say, 'Not too bad'?
3 greet a woman in the evening?
4 ask someone to speak more slowly?
5 say, 'I beg your pardon!'?
6 ask someone to repeat something?
7 take your leave before retiring to bed?
8 ask someone if he/she speaks Italian?

Key words and phrases

Learn this section by concealing the English side and trying to remember the meaning of the Italian words, then cover the Italian side and give the Italian words for the English ones. Practise until you can remember it all without the occasional peek at the hidden side. Refer back to page 3 for the various ways of learning vocabulary.

come	*how*
si chiama	*you are called; he/she/it is called*
mi chiama	*I am called* (literally: I call myself)
chi?	*who?*
è	*you are; he/she/it is*
chi è Lei?	*who are you?*
chi è lei?	*who is she?*
chi è lui?	*who is he?*
che	*who/whom/which/that*
(io) sono	*I am*
non	*not*
(io) non sono	*I am not*
non è	*you are not; he/she/it is not*
questo è...	*this is...*

bambino/bambina	child (boy)/child (girl)
piacere	pleased to meet you
si accomodi/s'accomodi	come in
soltanto	only
ma	but
mia moglie	my wife
nostra figlia	our daughter
straniero(-a)	foreign man/woman

Remember that **chi** is used in questions; and also that **che** can never be omitted as it sometimes is in English: **la lingua che parlo** *the language (that) I speak*.

As well as *come in* **si accomodi** (usually shortened to **s'accomodi**) can mean *sit down, make yourself comfortable, make yourself at home*. When speaking to more than one person you say **s'accomodino**.

Dialoghi *Dialogues*

Sergio and Francesca are having a party at their home in Genova. The guests mingle and chat to each other.

▶ Dialogo 1

Paolo Marchi	Come si chiama?
Jackie Jones	Mi chiamo Jackie Jones. E Lei, come si chiama?
Paolo Marchi	Io sono Paolo Marchi.

▶ Dialogo 2

Mr Dean	Scusi, Lei è la signora Pucci?
Angela Chiarella	No, non sono la signora Pucci.
Mr Dean	Come si chiama?
Angela Chiarella	Mi chiamo Angela Chiarella.

▶ Dialogo 3

Angela Chiarella	Chi è la signorina che parla inglese?
Mr Dean	È Susan White. Lei parla inglese?
Angela Chiarella	No, mi dispiace ma non parlo inglese; parlo soltanto italiano.

▶ Dialogo 4

Sergio	Questa è mia moglie Francesca.
Mr Dean	Piacere.
Francesca	Piacere.
Mr Dean	E la bambina, chi è?
Sergio	Questa è nostra figlia; si chiama Valentina.

Grammar

1 Nouns

In Italian, names for men usually end in -o (**Sergio**) while names for women usually end in -a (**Angela**). Most names for things end either in -o or -a (**museo** *museum*, **mamma** *mum*). When ending in -o they are called masculine nouns (**vino** *wine*) and when ending in -a feminine nouns (**banca** *bank*). This distinction is called *gender*.

Some nouns end in -e: these can be either masculine or feminine and you will learn these as you meet them (**tenore** (m) *tenor*, **voce** (f) *voice*).

2 il, la *the*; un, una *a, an, one*; questo, questa *this*

Il is used before masculine nouns (**il treno** *the train*, **il cane** *the dog*, **il libro** *the book*) and **la** before feminine nouns (**la posta** *the mail*, **la mamma** *the mum*, **la voce** *the voice*).

Un is used before masculine nouns (**un treno** *a train*, **un signore** *a gentleman*) and **una** before feminine ones (**una lettera** *a letter*, **una penna** *a pen*).

Questo, and **questa** are used before masculine and feminine nouns respectively:

questo	è	**il** duomo **un** ombrello	this is	*the cathedral* *an umbrella*
questa		**la** banca **una** chiesa		*the bank* *a church*

3 Verbs

Words that express *action* or *being* such as **parlo, sono** and **è** are called *verbs*. To deny something just put **non** before the verb: **sono tedesco** *I am German,* **non sono tedesco** *I am not German.*

In English, verbs are often preceded by words such as *I, you, he, she,* etc.; these are called *subject pronouns.* They are not used in Italian (except for the formal **Lei**) unless special emphasis is required: *io* **sono il signor Verdi,** *Lei* **chi è?** (or, because in Italian the word order can be more flexible, you could say **Chi è** *Lei?*).

If you consult the dictionary to look up the verb *to speak,* you find **parlare.** This form of the verb does not indicate who is doing the action; it is called the *infinitive* of the verb. In Italian, infinitives fall into three groups: verbs ending in **-are** (e.g. **studiare** *to study*) which are the majority, verbs ending in **-ere** (e.g. **vęndere** *to sell*) and verbs ending **-ire** (e.g. **partire** *to leave*).

When speaking about yourself in the present (*present tense*), you change the ending (**-are, -ere, -ire**) into an **-o: parlo** *I speak;* **vendo** *I sell;* **parto** *I leave.* This part of the verb is called the first person singular.

To form the present tense for *you* (*formal*), *he, she,* or *it* you replace the ending with **-a** (verbs whose infinitive ends in **-are**) or **-e** (verbs with infinitives ending in **-ere** and **-ire**): **parla** *you speak, he/she speaks;* **vende** *you sell, he/she sells;* **parte** *you leave, he/she leaves.* This is the third person singular.

To form the present tense for *we* you replace the ending with **-iamo: parliamo** *we speak;* **vendiamo** *we sell;* **partiamo** *we leave.* This is called the first person plural.

There is usually no difference in Italian between *I speak* and *I am speaking:* for both you say **parlo.**

4 Adjectives

Words which qualify (describe) a noun are called *adjectives*; in **questa penna è rossa** *this pen is red*, **rossa** is the adjective which describes **penna**.

In Italian, adjectives, like nouns, can be either masculine or feminine; since **penna** is feminine **rossa** needs to be feminine too. In **questo vestito è rosso** *this dress is red*, since the noun **vestito** is masculine, the adjective **rosso** also needs to be masculine. This is called the *agreement* of the adjectives with the nouns. The same rule applies to words describing one's nationality.

Adjectives of nationality do not require a capital letter.

▶ **Nazionalità** *Nationalities*

Lei è	australiana	Lui è	australiano	*Australian*
	austriaca		austriaco	*Austrian*
	tedesca		tedesco	*German*
	spagnola		spagnolo	*Spanish*
	svizzera		svizzero	*Swiss*
	britannica		britannico	*British*
	inglese		inglese	*English*
	americana		americano	*American*
	scozzese		scozzese	*Scottish*
	gallese		gallese	*Welsh*
	irlandese		irlandese	*Irish*
	portoghese		portoghese	*Portuguese*
	neozelandese		neozelandese	*a Newzealander*
	canadese		canadese	*Canadian*
	francese		francese	*French*

Lei è straniera, signora?   Sì, sono tedesca.
Lei è straniero, signore?   No, sono italiano.

As you may have already noticed, adjectives of nationality ending in **-ese** have the same form whether they are masculine or feminine.

Pratica *Practice*

1 Write the appropriate forms of **questo** and **questa** in the spaces. After completing and correcting the exercises read them aloud until you are satisfied that you have learnt them.

a _____ è Angelo   d _____ è il signor Massa

b _____ è Maria   e _____ è la signorina Jones

c _____ è la banca   f _____ è mia figlia

2 Return to **dialogo 1** and re-write it using your own name.

3 Return to **dialogo 3** and modify it so that you take the role of Angela Chiarella and you can speak English and Italian.

4 Change the following sentences into negative ones by placing **non** before the verb.

a James parla italiano.   **d** Valentina parla tedesco.
b Sono Francesca.   **e** Questo è il signor Lupi.
c Parlo francese.   **f** Sta bene?

5 Fill in **il** or **la** before these nouns. You will probably be able to deduce the meaning of most of these words.

a _____ musica   **f** _____ telefono

b _____ pasta   **g** _____ pizza

c _____ stazione (f)   **h** _____ cereale (m)

d _____ periodo   **i** _____ conversazione (f)

e _____ generale (m)

6 Fill in **un** or **una** before these nouns.

a _____ persona   **f** _____ colore (m)

b _____ concerto   **g** _____ gabinetto

c _____ edificio   **h** _____ regione (f)

d _____ strada   **i** _____ teatro

e _____ porto

7 What are the nationalities of these men and women?

Charline	abita in	Australia.	È	australiana.
Franz		Germania		_____
Alain		Canada		_____
Vasco		Portogallo		_____
John		Inghilterra		_____
Anne		Svizzera		_____
Neil		Galles		_____
Wilma		Austria		_____
Peter		Irlanda		_____
Douglas		Scozia		_____
Nancy		America		_____
Paco		Spagna		_____
Catrine		Francia		_____

Un piccolo test *Mini-test*

You have arranged a meeting for 11 a.m. at your Italian hotel with signor Gucci who is your firm's Italian representative. As the clock chimes 11.00, someone is knocking at the door.

You *Ask who it is.*

_____ _____?

Sig. Gucci Sono il signor Gucci.

You *Let him in and greet him.*

_____ signor _____ , _____ sta?

Sig. Gucci Bene grazie, e Lei?

You *Say you are not too bad and tell him to make himself at home.*

_____ _____ _____ , grazie. Si _____

You *Introduce him to your spouse who has travelled with you. You already know how to say my wife* **mia moglie**; *my husband is* **mio marito**.

_____ _____ _____ _____

Sig. Gucci _____

ℹ Names

Most Italians are named after a name of a saint. A great number of names have both masculine and feminine versions, e.g. **Emilio, Mario, Lorenzo, Alessandro, Roberto, Angelo** become in the feminine **Emilia, Maria, Lorenza, Alessandra, Roberta, Angela**. A few names ending in **-a**, such as **Nicola** and **Andrea**, are masculine.

ℹ️ Titles

In Italy, titles are given a greater importance than in English-speaking countries. All university graduates – not just graduates in the medical profession – are entitled to be called **dottore** (men) and **dottoressa** (women). Secondary and tertiary teachers (who must be graduates) are called **professore** (men) and **professoressa** (women). Architects, engineering graduates and lawyers are called **architetto, ingegnere** and **avvocato** (men), **avvocatessa** (women). For this reason it is quite common to hear: **Buongiorno, dottoressa!** or **Come sta, architetto?**. In southern Italy the title of **dottore** is sometimes used when talking to a man whom one doesn't know but to whom one wishes to show great respect even if he is not **dottore.**

03 dove abita?

where do you live?

In this unit you will learn how to
- ask where something is
- respond if, when asked, you do not know a direction
- ask and say where you are from
- ask and say where you live
- ask other people about their jobs
- ask someone if they are married and have children
- say numbers from 0 to 20

Before you start

Remember that in order to understand what is being said you needn't understand every single word: try to pick out the main words in a sentence.

Activity

Francesca Ferrari and her husband Sergio, whom you do not know, are visiting you at your Italian residence. The bell rings and...

You ask who it is: _____ _____?

Francesca says: **Sono la signora Ferrari.**

Invite her in: _____

Francesca thanks you: _____

You ask: *Is this your (suo) husband?* _____ è _____ _____ ?

Francesca: *Yes, this is Sergio.* _____ , _____ è _____

Sergio is pleased to meet you: _____

You respond and then ask them to make themselves at home: _____ ; _____

You ask Sergio if he speaks English: _____ _____ ?

Yes, he speaks English but not too well. He prefers to speak Italian [*to speak is an infinitive*]: **Sì** _____ _____ **ma**

_____ _____ _____

Preferisco _____ _____

Key words and phrases

dove	*where*
dov'è...?	*where is...?*
via	*street*
straniero/straniera	*foreigner*
di dov'è?	*where are you from?;*
	where is he/she from?
abito	*I live*
abita	*you live; he/she/it lives*
dove abita?	*where do you live?;*
	where does he/she live?

ho	I have
ha	you have; he/she/it has
lavoro	I work; work
lavora	you work; he/she works
che lavoro fa?	what is your job?
può rispondere a qualche domanda?	can you answer some questions?
mi dica	go ahead (literally: tell me)
sono dentista	I am a dentist
sposato/sposata	married
figlio/figlia	son/daughter
figli/figlie	sons, children/daughters
quanto/quanta?	how much?
quanti/quante?	how many?
non lo so	I do not know
non capisco	I do not understand
quanti anni ha?	how old is he/she/it/are you?
ha X anni	he/she/it is X years old
puó consegnare il vino?	can you deliver the wine?
certamente	certainly
in centro	in the centre (of the town)
vicino a	near, in the proximity of
piazza	square
commessa	shop assistant
negozio	shop
portiere d'albergo	hotel receptionist
insegnante	teacher
insegno	I teach
studente	student
studio	I study

▶ Numeri dallo 0 al 20 *Numbers from 0 to 20*

0 zero	6 sei	11 undici	16 sedici
1 uno	7 sette	12 dodici	17 diciassette
2 due	8 otto	13 tredici	18 diciotto
3 tre	9 nove	14 quattordici	19 diciannove
4 quattro	10 dieci	15 quindici	20 venti
5 cinque			

Zero, nought and *0* in telephone numbers are all translated by **zero**. **Un libro** can mean *a book* or *one book*.

Dialoghi *Dialogues*

▶ Dialogo 1

Where is via Mazzini?

You	Scusi, dov'è via Mazzini?
Primo turista	Mi dispiace ma non lo so: non sono di Genova. (*let's try again*)
You	Scusi, dov'è via Mazzini?
Secondo turista	Non capisco! Sono straniero!

▶ Dialogo 2

Daniela is carrying out a survey and asks Francesca a few questions:

Daniela	Scusi signora, può rispondere a qualche domanda?
Francesca	Mi dica.
Daniela	Come si chiama?
Francesca	Francesca Ferrari.
Daniela	Di dov'è?
Francesca	Sono di Santa Margherita.
Daniela	Dove abita?
Francesca	Abito a Genova.
Daniela	Lei lavora?
Francesca	Sì, lavoro.
Daniela	Che lavoro fa?
Francesca	Sono dentista.

▶ Dialogo 3

Is Francesca married? Has she got any children?

Daniela	È sposata?
Francesca	Sì.
Daniela	Ha figli?
Francesca	Sì, una bambina.
Daniela	Quanti anni ha la bambina?
Francesca	Ha sei anni.
Daniela	Grazie, signora. Lei è molto gentile.
Francesca	Prego.

▶ Dialogo 4

Sergio, Francesca's husband, has gone to the country to order some wine which is to be delivered. What's his address?

Sergio	Può consegnare il vino?
Vinaio	Certamente, signore! Dove abita?
Sergio	Abito a Genova, in via Roma.
Vinaio	Numero?
Sergio	Numero 15.
Vinaio	Allora: via Roma, 15 – Genova. Dov'è via Roma?
Sergio	È in centro, vicino a piazza Garibaldi.

▶ Dialogo 5

Daniela asks a group of Italians about their jobs.

Teresa	Sono commessa: lavoro in un negozio.
Piero	Sono portiere d'albergo: lavoro in un albergo.
Brunella	Sono insegnante: insegno matematica.
Claudio	Sono studente: studio medicina.

Grammar

1 Dropping vowels: *dov'è?*

When the last letter of one word and the first letter of the next word are vowels, the first vowel is normally dropped and replaced by an apostrophe ('), e.g. **la arancia** *the orange* becomes **l'arancia**.

In **dove** the stress falls on the -o whereas **dov'è?** is stressed on the final -è.

2 Either gender: *Turista*

Nouns ending in -ista can be either masculine or feminine: **il turista/la turista; il violinista/la violinista**. The definite article **il/la** indicates a male or female person.

3 Showing gender: *Sposata/sposato*

To a woman: **È sposata?** *Are you married?*
She replies: **Sì sono sposata** or **no, non sono sposata**. *Yes, I am married* or *no, I am not married.*

To a man: **È sposato?**
He replies: **Sì, sono sposato** or **no, non sono sposato**.

4 Plural of nouns

When talking of more than one thing, that is to say in the *plural*, in English an -s is usually added at the end of the noun; in

Italian, the plural is made by changing the final vowel of the noun in the following ways:

- Nouns ending in **-o** or **-e** normally change to an **-i**:
  libro, libri *book, books*; **automọbile** (f), **automọbili** *car, cars*; **cane** (m), **cani** *dog, dogs*.

- Nouns ending in **-a** normally change to an **-e**:
  donna, donne *woman, women*; **ragazza, ragazze** *girl, girls*; **domanda, domande** *question, questions*.

- **Ha figli?** *Have you got any children?* The plural of **figlio** (*son*) is **figli**: this is to avoid two **-is** occurring at the end of the word (**zio** *uncle* is one of a few exceptions: its plural is **zii**).

- Before plural nouns **il** and **la** change respectively into **i** and **le**: **il treno, i treni** *the train, the trains*; **la casa, le case** *the house/home, the houses/homes*. **Questo** and **questa** *this* become **questi** and **queste** *these*; **questo nụmero, questi nụmeri** *this number, these numbers*.

Note. Nouns ending with an accented vowel do not change in the plural: **una città** *one town*; **due città** *two towns*.

5 Dove ạbita? *Where do you live?*

Dove ạbita? The answer is: **ạbito _a_** followed by the name of the city, town or village or small island; **ạbito _in_** followed by the name of the continent, country, region, county or large island.

Abito **a** Roma.   Abito **in** Europa.
Abito **a** Siena.   Abito **in** Italia.
Abito **a** Portofino.   Abito **in** Toscana.
Abito **a** Capri.   Abito **in** Surrey.
                           Abito **in** Sicilia.

6 Verbs

Here is the pattern for regular verbs of the *first type*:

	parlare *to speak*	
(io)	parl**o**	*I speak*
(tu)	parl**i**	*you (informal) speak*
(lui, lei/Lei)	parl**a**	*he, she speaks/you (formal) speak*
(noi)	parl**ịamo**	*we speak*
(voi)	parl**ạte**	*you (plural informal) speak*
(loro/Loro)	parl**ano**	*they/you (plural formal) speak*

Verbs ending in **-iare** (e.g. **mangiare** *to eat*, **studiare** *to study*, etc.) take only one **-i** in the **tu** and **noi** forms: mang**i**, mang**iamo**.

7 How to say 'you'

The reason why the formal *you* is taken from the *third person singular* (e.g. **Lei parla**) derives from old usage when it meant 'Your Excellency' (*What does Your Excellency say?*).

When addressing more than one person the formal *you* is **Loro**:

> Loro parlano inglese?   *Do you* (plural) *speak English?*

To summarize: there are four ways of saying *you* in Italian!

tu (singular informal)	**voi** (plural informal)
Lei (singular formal)	**Loro** (plural formal)

8 Professioni e occupazioni *Professions and occupations*

The feminine forms of **dottore** and **studente** are, respectively, **dottoressa** and **studentessa**. **Mẹdico**, another word for *doctor*, **negoziante** and **insegnante** apply to both men and women. Other occupations are: **datilọgrafo/dattilọgrafa** *typist*; **operaio/operaia** *factory worker*; **telefonista** *switchboard operator*; **cameriere/cameriera** *waiter/waitress*; **casalinga** *housewife*; **infermiere/infermiera** *nurse*; **dirigente** *manager*.

These explanations may appear to be a little overwhelming but then most things which are explained in writing seem much more complicated than they really are. In any event you have covered a lot of useful ground and I am sure that bit by bit you will find the basics begin to 'stick'. Just do not worry about it, simply let it happen.

Pratica *Practice*

1 Fill in the spaces using **il** or **la**. Then read aloud each question and answer that you are sorry but you don't know.

a Scusi, dov'è ___la___ banca? Mi dispiace ma non lo so.

b Scusi, dov'è _____ posta?

c Scusi, dov'è _____ teatro?

d Scusi, dov'è _____ museo?

e   Scusi, dov'è _____ parco?

f   Scusi, dov'è _____ supermercato?

If you did not understand the question what would you answer?

g   _____ _____ !

2 With the help of the map on page xii fill in the spaces using **in** and **a** correctly.

a   Angelo abita _____ Toscana.

b   Teresa abita _____ Roma.

c   Mario abita _____ Sicilia.

d   Sergio abita _____ Genova.

e   Francesca abita _____ Liguria.

f   Maria abita _____ Capri.

3 You are at a meeting and are told that one of the participants is Italian. You would like to make his acquaintance.

a   *Ask him if he is Italian*
   You: _____ ?
   He replies: Sì.

b   *Ask him where he is from*
   You: _____ ?
   He replies: Sono di Pavia.

c   *Introduce yourself and ask his name*
   You: _____ ?
   He replies: Stefano Vinci.

4 Fill in the spaces with the professions and occupations in the box to match the illustrations and taking note of the endings.

infermiera	studente	medico
cameriere	segretaria	portiere

a _____   b _____

c _____

d _____

e _____

f _____

ℹ Le regioni *The regions*

Italy is roughly the size of Great Britain and has about 58,000,000 inhabitants. It is divided into twenty regions which have a certain degree of autonomy from central government. Before the unification of Italy (1861) each region was either an independent state or part of some other European state; for this reason each region had and still has dialects which can differ greatly from each other and from standard Italian. These dialects are reflected in the pronunciation of the official language. Traditions, customs and cuisine also differ greatly from region to region. The advent of television in the early 1950s, and internal migration, prompted a process of standardisation which is still going on today. The fact that all important Italian towns were at some stage in their history the capitals of their region explains their enormous artistic wealth.

Un piccolo test *Mini-test*

Write the questions for the following answers:

1 _____ ? Sì, sono sposato.

2 _____ ? Sì, ho figli.

3 _____ ? Ho tre figli.

4 _____ ? Sono mędico.

5 _____ ? Sì, sono italiano.

6 _____ ? Ạbito a Venezia.

04

com'è
how is it?

In this unit you will learn how to
- describe something
- express ownership
- express likes, dislikes and preferences
- say numbers from 21 to 1000

Before you start

There is no need to feel frustrated if you cannot always remember the rules: this is quite normal for all students; just go back and revise regularly and repeat the vocabulary and sentences to yourself as often as possible. Practice makes perfect. Also, with the help of a dictionary and the vocabulary at the end of the book, experiment in making new sentences of your own using the material you have learnt so far.

You may like to stick Italian labels on all the items in your larder or fridge. Indeed this idea can be extended to other areas: **libretto assegni** can be written on the cover of your cheque book, etc.

Activity

1 Say your name, your nationality, where you live and give your Italian address and telephone number (**il mio numero di telefono è...**). State your age, whether or not you are married and if you have any children (invent some!) give their names and ages.

2 What would you say to someone if you did not understand what they were saying?

Key words and phrases

com'è?	how is (it)?
che cos'è questo?	what is this?
qual è la sua automobile?	which (one) is your car?
di che colore è?	what colour is it?
c'è un telefono qui?	is there a telephone here?
non c'è...	there is no...
zucchero/tè (m)	sugar/tea
acqua/vino/birra	water/wine/beer
pane (m)/**latte** (m)/**frutta**	bread/milk/fruit
ci sono negozi qui vicino?	are there (any) shops nearby?
non ci sono...	there are no...
treni/panini	trains/rolls
bibite/limoni	soft drinks/lemons
mi piace, mi piacciono	I like (it), I like (them)
mi piace la pizza	I like pizza

mi piącciono i gelati	I like ice creams
non mi piace/piącciono	I do not like it/them
Le piace il caffè?	do you like coffee?
Le piącciono i biscotti?	do you like biscuits?
preferisco le paste	I prefer fancy cakes/pastries
il mio/la mia	my, mine
il suo/la sua	your, yours; his; her, hers
molto/troppo	very/too much
andare a teatro	to go to the theatre
non tutte	not all of them

mi piace, mi piącciono, etc. may also be used with the infinitive of any verb, e.g. mi piace parlare italiano.

▶ Numeri dal 20 al 1000 *Numbers from 20 to 1000*

20	venti	50	cinquanta	80	ottanta	200	duecento
30	trenta	60	sessanta	90	novanta	300	trecento, etc.
40	quaranta	70	settanta	100	cento	1000	mille

To form all the other numbers in between, combine hundreds, tens and units:

26 ventisei   67 sessantasette 356 trecentocinquantasei

The final vowel of the tens is omitted before **uno** and **otto**: **ventuno, ventotto; trentuno, trentotto; quarantuno, quarantotto,** etc.

Before **cento** and **mille, uno** is *not* required.

Opposti *Opposites*

bello *beautiful/nice*	**brutto** *ugly*
grande *large/big*	**pįccolo** *small*
alto *high/tall*	**basso** *low/short*
lungo *long*	**corto** *short*
pieno *full*	**vuoto** *empty*
caldo *hot*	**freddo** *cold*
giǫvane *young*	**anziano** *elderly/old*
nuovo *new*	**vecchio** *old*
pesante *heavy*	**leggero** *light, weak*
fresco *cool/fresh*	**tiępido** *warm*
buono *good*	**cattivo** *bad*
dolce *sweet*	**amaro** *bitter*

pulito *clean*	**sporco** *dirty*
largo *wide*	**stretto** *narrow*
chiaro *clear/light*	**scuro** *dark*
veloce *fast*	**lento** *slow*

Colori *Colours*

nero *black*	**grigio** *grey*	**blu** *navy blue*	**azzurro** *sky blue*
viola *purple*	**verde** *green*	**giallo** *yellow*	**arancio** (or **arancione**) *orange*
rosso *red*	**marrone** *brown*	**rosa** *pink*	**bianco** *white*

Dialoghi *Dialogues*

▶ Dialogo 1

Com'è questo panino?
È buono.
E il tè?
È troppo leggero e tiepido: è cattivo!

▶ Dialogo 2

Com'è il caffè italiano?
Forte.

▶ Dialogo 3

Che cos'è questo?
È un limone.

▶ Dialogo 4

Qual è il contrario di grande?
Il contrario di grande è piccolo.
E il contrario di freddo?
Caldo.

▶ Dialogo 5

C'è una birra?
No, non c'è.
Ci sono i biscotti?
No, non ci sono.

▶ Dialogo 6

Di che colore è la sua automòbile?
Bianca. Di che colore è la sua?
La mia è rossa.

▶ Dialogo 7

Le piace questa città? (*town/city*)
Sì, mi piace molto.
Le piace andare a teatro?
Sì.
Le piàcciono le òpere lìriche? (*operas*)
Non tutte.

Grammar

1 Sono *They are/I am/you are*

Di che colore sono? *What colour are they?* **Sono** means *they are* as well as *I am* and *you are* (formal plural).

2 Where *il* becomes *lo*

To make pronunciation easier, words starting with **s** followed by a consonant (**sp, st, sv,** etc.), and words starting with **z, ps, gn** take the article **lo** rather than **il: lo zùcchero, lo zero, lo studente.** The plural of **lo** is **gli: gli spaghetti, gli studenti, gli zeri,** etc. Before such words **un** becomes **uno: uno studente, uno zero. Un'** is used before feminine nouns starting with a vowel.

3 C'è *There is*; Ci sono *There are*

C'è = ci è *there is.* **C'è il caffè?** *Is there any coffee?* Remember that if you refer to more than one item you need to say **ci sono. Ci sono le banane?** *Are there any bananas?* This refers to a specific item, e.g. the coffee or the bananas which is/are supposed to be in the cupboard. You can omit the article and say **c'è caffè? ci sono banane?** This refers to coffee or bananas in general.

4 Weather and temperature

To say that something is cold you say **è freddo/è fredda;** to say that the weather is cold you say **fa freddo.** Remember that **caldo** means *hot*!

5 Qual è? *What is?*

Qual è il contrario di...? (no apostrophe before the **è**). As you may already have realized, it is not always possible to translate word by word from one language into another; in the case of *what is the opposite of...?* Italians say *which is the opposite of...?*

6 Colour agreements

Colours, like all other adjectives, need to agree with the number and gender of the noun they describe and, unlike English, they are normally placed after the noun: **una automobile rossa, due automobili rosse, un ombrello giallo, due ombrelli gialli.** However, **blu, viola, rosa** and **arancio** (or **arancione**) are exceptions and never change. **Verde** and **marrone** change only in the plural: **verdi, marroni.**

7 Possession

In Italian, words such as *my, mine, your, yours, her, hers, his* and so on require the definite article (**il, la, i, le**) in front of them: *il mio* **libro è qui** *my book is here*; **dov'è** *il suo? where is yours/his/hers?* These words are called possessive adjectives and pronouns, and they must agree with the thing possessed: you say *il suo* **libro** *your/his/her book* because **libro** is masculine, but *la sua* **valigia** *your/his/her suitcase* because **valigia** is feminine.

Kinship terms, when in the singular, do not require the article.

mia madre	*my mother*	mia moglie	*my wife*
mio padre	*my father*	mio marito	*my husband*
mio fratello	*my brother*	mio nonno	*my grandfather*
mia sorella	*my sister*	mia nonna	*my grandmother*

8 Verbs

Here is the pattern for regular verbs of the *second type*:

---

vedere *to see*

vedo	*I see*	vediamo	*we see*
vedi	*you see (informal)*	vedete	*you (plural informal) see*
vede	*he, she sees/ you (formal) see*	vedono	*they see/ you (plural formal) see*

Pratica *Practice*

1 Answer the questions by choosing the correct word from the box.

Com'è questa	frutta?	Questa frutta è	fresca.
	birra?	_____	
	strada?	_____	dolce.
	(*road*)		fresca.
Com'è questo	biscotto?	_____	molto caldo!
	caffè?	_____	molto freddo!
	gelato?	_____	lunga!

2 What is the opposite of...?

Qual è il contrario di	pesante?	_____	piccolo
	basso?	_____	leggero
	giovane?	_____	alto
	corto?	_____	anziano
	vuoto?	_____	lungo
	grande?	_____	vecchio
	nuovo?	_____	pieno

3 What colour is it/what colour are they?

Di che colore è il latte?   Il latte è bianco.

il limone?   _____

la banana?   _____

la carne? (*meat*)   _____

l'erba? (*grass*)   _____

Di che colore sono
         i limoni?   _____

le banane?   _____

4 An Italian friend wishes to know if you have learnt your numbers: if all the answers are correct you win a meal at an Italian restaurant! Read the arithmetical expressions out loud, then write them down in full.

plus (+) = **più**   *minus* (−)   = **meno**
times (✕) = **per**   *divided by* (÷) = **diviso**

3 + 7 = 10 **tre più sette fa** (*makes*) **dieci.**

5 + 6 = 11   7 − 3 = 4   7 ✕ 10 = 70   550 ÷ 2 = 275
20 + 21 = 41   20 − 15 = 5   6 ✕ 7 = 42   1000 ÷ 5 = 200

5 Read these questions out loud and answer them in the affirmative, i.e. with **sì** (yes).

C'è il latte? Sì, c'è.
Ci sono le birre? Sì, ci sono.

a C'è il pane?   d Ci sono le banane?

b C'è il caffé?   e Ci sono i panini?

c C'è lo zucchero?   f Ci sono i biscotti?

6 Read these questions out loud and answer in the negative, i.e. with **no.**

C'è il latte? No, non c'è.
Ci sono le birre? No, non ci sono.

a C'è il tè?   d Ci sono i panini?

b C'è il vino?   e Ci sono le aranciate?

c C'è l'acqua?   f Ci sono le pizze?

7 You are asked whether you like the various items in the list below. You don't like anything. Read out loud both questions and answers. (After **piace** and **piacciono** the noun is usually preceded by an article).

Le piace la frutta?   No, non mi piace.
Le piacciono i gelati?   No, non mi piacciono.

a Le piace lo zucchero?

b Le piacciono le banane?

c Le piace andare al cinema?

d Le piace il caffè?

e Le piacciono i biscotti?

f Le piace il vino?

g Le piace la carne?

h Le piacciono le paste?

Mamma mia, che gusti (*taste*) difficili!

8 Answer the same questions as above. This time you like everything but prefer something else. Read out loud both questions and answers.

Le piace la frutta? (gelati) **Sì, mi piace ma preferisco i gelati.**

a _____ i biscotti.

b _____ le mele (*apples*).

c _____ andare a teatro.

d _____ il tè.

e _____ le torte (*tarts, cakes*).

f _____ la birra.

g _____ il pesce (*fish*).

h _____ la frutta.

i Il bar

Italian bars sell, as well as alcoholic drinks, coffee, tea, soft drinks and cold snacks. Many bars, particularly in small towns and villages, open quite early in the morning to cater for people who, before going to work, wish to have a small breakfast (which often consists of just black coffee). Most bars stay open throughout lunch time until quite late at night. Many people like to spend some of their free time in bars, meeting friends, playing cards or snooker, reading the paper, watching television or just sitting at the tables outside watching the world go by: in fact this is a peculiarly Italian pastime; they often spend several hours there just drinking one cup of coffee! Most bars have a public telephone and a toilet.

Un piccolo test *Mini-test*

Make up questions for the following answers:
1 Questa è una birra.
2 Si è buono.
3 La mia auto(mobile) è questa.
4 No, non c'è l'acqua.
5 Sì, i limoni ci sono.
6 Il mare (*sea*) è azzurro.
7 No, questo vino non mi piace.

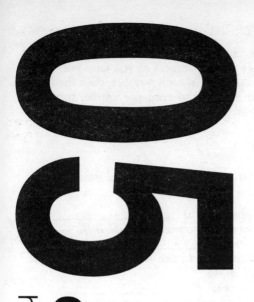

05

quant'è

how much is it?

In this unit you will learn
- how to ask for something
- how to state quantities
- how to ask the price
- the names for shops
- numbers from 1000 onwards

Before you start

To practise the numbers choose a page from the telephone directory and read aloud as many numbers as you can: you may start by reading the first two digits of each number, then the first three and so on until you are able to read the whole number. This should help you to gain even greater fluency.

Activity

You are in the **ufficio turistico** (*tourist office*) and you wish to make a call to Francesca.

1 *You ask*: is there a telephone here? _____?
2 *You call Francesca, who wants to meet at Café Biffi.*
  You ask: where is Café Biffi? _____?
3 *After the call you decide to go to the bank first so you go back to the information desk.*
  You ask: is there a bank nearby? _____?
4 *At last you reach Café Biffi and order a beer and a roll.*
  _____?
5 *Now ask*: is there a toilet here? _____?

Key words and phrases

desidera?	*can I help you?*
mi dia	*I will have* (lit: give me)
vorrei...	*I would like...*
un caffè	*one black (espresso) coffee*
un capuccino	*one white coffee*
un francobollo per gli Stati Uniti	*a stamp for the US*
un chilo di mele	*a kilo of apples*
mezzo chilo di pomodori	*half a kilo of tomatoes*
un etto/cento grammi di burro	*100 grams of butter*
un litro di vino bianco	*a litre of white wine*
mezzo litro di latte	*half a litre of milk*
una scatoletta di tonno	*a tin of tuna*
una fetta di torta	*a slice of cake/tart*
un pacco di spaghetti	*a packet of spaghetti*
come vuole il panino?	*how do you want the roll?*
come preferisce	*as you prefer*
prosciutto (cotto)	*ham*

prosciutto crudo	*cured/parma ham*
formaggio	*cheese*
omelette (f)	*omelet*
là	*(over) there*
quelli (m), quelle (f)	*those*
albicocche	*apricots*
ciliegie	*cherries*
non troppo maturi	*not too ripe*
questi vanno bene?	*are these OK?*
è tutto	*that's all*
in tutto	*in all*
allora	*well then*
ecco	*here (it) is*
euro	*euro (the European currency)*
due euro e cinque centesimi	*two euros and five cents*
il resto	*the change*
desidera altro?	*anything else?*
quant'è?	*how much is it?*
quanto costa?	*how much does it cost?*
quanto costano?	*how much do they cost?*
è troppo (caro)	*it is too much/too expensive*
è a buon mercato/costa poco	*it is cheap*
deve pagare alla cassa	*you must pay at the cash desk*
deve fare lo scontrino	*you must get the receipt*
devo telefonare	*I must make a telephone call*
devo andare in banca	*I must go to the bank*
devo andare a fare la spesa	*I must go shopping*

Words for 'to', 'at' and 'in' with shops, etc.

Vado/sono... *I am going to/I am at (in) the...*

al supermercato	*supermarket*	*alla* posta	*post office*
al bar/al caffè	*bar*	*all'* ufficio postale	*post office*
al ristorante	*restaurant*	*dal* fruttivendolo	*greengrocer's*
al negozio d'alimentari	*grocer's*		

But

Vado/sono... *I am going to/I am at (in) the...*

in panetteria	*baker's*	*in* farmacia	*chemist's*
in macelleria	*buther's*	*in* edicola	*newsagents's*
in pescheria	*fishmonger's*	*in* libreria	*bookshop*
in tabaccheria	*tobacconist's*	*in* drogheria*	*grocer's*

*Note that **drogheria** is not a drugstore or a chemist's but a grocer's. It means the same as **negozio di alimentari**.

Note also that you say **Vado/sono** ... *I am going to/I am at (in) (the)*

in piscina *swimming pool*; **in** città *city*; **in** chiesa *church*; **in** campagna *countryside*; **in** giardino *garden*; **in** uffico *office*; **in** montagna *mountains*; **in** or **a** casa *home / house*; **in** or **a** letto *bed*; **al** mare *sea*; **a** teatro *theatre*; **al** cinema *cinema*

Buying 100 grams

Un etto (short for **ettogrammo**), **due etti**, etc. means 100 grams, 200 grams, etc. and can be used instead of saying **cento grammi**. For 150 grams, 250 gram, etc. you say **un etto e mezzo, due etti e mezzo**, etc.

▶ Numeri dal 1000 in poi *Numbers from 1000 onwards*

1.000 **mille**	1.000.000 **un milione**
2.000 **duemila**	2.000.000 **due milioni**
3.000 **tremila**	3.000.000 **tre milioni**
10.000 **diecimila**	10.000.000 **dieci milioni**
100.000 **centomila**	100.000.000 **cento milioni**
500.000 **cinquecentomila**	1000.000.000 **mille milioni (un miliardo)**

Numbers are written in one word, e.g.
977.654 novecentosettantasettemilaseicentocinquantaquattro *nine hundred (and) seventy seven thousand six hundred (and) fifty-four.*

1   **Mille** *one thousand becomes* **mila** in the plural.
2   Groups of three figures or more are separated by a dot.
3   A comma indicates the decimal point: 1,5 **uno virgola cinque** (or **uno e cinque**) = *one point five.*
4   *Eleven hundred, twelve hundred,* etc. are translated by **millecento, milleduecento** *one thousand one hundred, one thousand two hundred.*

Dialoghi *Dialogues*

▶ Dialogo 1

In some Italian bars you pay at the cashier's desk before ordering at the counter. What does Brunella ask for?

Barista	Buongiorno, signora.
Brunella	Buongiorno. Un caffè e un panino.
Barista	Deve fare lo scontrino.
Brunella	(to the cashier) Un caffè e un panino, per favore.
Cassiera	Come vuole il panino: con prosciutto, formaggio, salame, omelette…?
Brunella	Prosciutto cotto o crudo?
Cassiera	Come preferisce.
Brunella	Allora con prosciutto crudo.
Cassiera	Va bene. Un caffè e un panino con prosciutto crudo. Due e trentotto.
Brunella	(counting the coins and giving them to the cashier) Due e trentatré … due e trentotto.
Brunella	(to the barman) Un caffè e un panino con prosciutto. Scusi, c'è un telefono qui?
Barista	Sì, è là.
Brunella	Grazie.
Barista	Prego.

Bar Primula

Passeggiata a mare Camogli
via Garibaldi
tel. 0185/770351
Camogli (Ge)

Quantità	Descrizione	Importo
1	*caffè*	€0,58
1	*un panino con prosciutto crudo*	1,80
	Totale	€2,38

Proverbio *Proverb*
Vale più la pratica della grammatica. *Practice makes perfect.*
(Literally: practice is worth more than grammar.)

▶ Dialogo 2

Francesca is buying some fruit and vegetables in the large market in the centre of Genoa; first she enquires about prices.

Fruttivendola	Desidera?
Francesca	Quanto costano le mele?
Fruttivendola	Queste mele costano uno e ventinove; quelle due e sette.
Francesca	Vorrei un chilo di queste. Le albicocche quanto costano?

Fruttivendola	Due e sette al chilo.	
Francesca	Sono troppo care. Mi dia un chilo di ciliege.	
Fruttivendola	Ecco. Desidera altro, signora?	
Francesca	Sì. Mezzo chilo di pomodori, non troppo maturi.	
Fruttivendola	Questi vanno bene?	
Francesca	Sì, grazie. È tutto. Quant'è in tutto?	
Fruttivendola	Allora... le mele due e sette, le ciliege uno e novantasei, i pomodori cinquantadue centesimi... Quattro e cinquantacinque in tutto.	
Francesca	Ecco cinque euro (*paying with a five euro note*).	
Fruttivendola	Grazie. Ecco quarantacinque centesimi di resto.	

Grammar

1 Quello *that*

Vorrei quello/quella.   *I would like that one.*
Vorrei quelli/quelle.   *I would like those.*

Before a noun the forms of **quello** are similar to those of the definite article (**il, lo, la, l', i, gli, le**):

quel negozio	quello scontrino	quell' aeroporto	quella chiesa
quei negozi	quegli scontrini	quegli aeroporti	quelle chiese

2 A + il *to the*

Vado al bar *I am going/I go to the bar*: words like **a** *to, at*, **di** *of*, **da** *from, by*, **in** *in, into* and **su** *on*, followed by a definite article (**il, lo, la**) combine as follows:

a		al		allo		alla		all'	**to the**
di		del		dello		della		dell'	**of the**
da	+ il	dal	+ lo	dallo	+ la	dalla	+ l'	dall'	**from the**
in		nel		nello		nella		nell'	**in the**
su		sul		sullo		sulla		sull'	**on the**

sul treno	*on the train*	all'albergo	*at the hotel*
nello studio	*in the study*	del padre	*of the father*
dalla stazione	*from the station*	sulla tavola	*on the table*

This list is given to you so that you can recognize the forms as you meet them. It is not necessary to learn it by heart, though it will speed up your comprehension and fluency if you do.

You will find these combinations in Italian where *the* is not used in English, e.g. all'arrivo *on arrival.*

al binario *on platform.*

3 Superlatives

caro	**molto caro**	**carissimo**
expensive	*very expensive*	*very expensive indeed*
bello	**molto bello**	**bellissimo**
beautiful	*very beautiful*	*very beautiful indeed*
buono	**molto buono**	**buonissimo**
good	*very good*	*very good indeed*
comodo	**molto comodo**	**comodissimo**
comfortable	*very comfortable*	*very comfortable indeed*

Queste mele sono carissime.

These apples are very expensive indeed.

Questo caffè è buonissimo.

This coffee is very good indeed.

Queste scarpe sono comodissime.

These shoes are very comfortable indeed.

4 Verbs

Here is the pattern for regular verbs belonging to the *third type* (or conjugation).

Some **-ire** verbs take **-isc** between the stem and the ending (type IIIb), except for the 1st and 2nd persons plural.

	Type IIIa		**Type IIIb**	
partire	*to leave/to depart*		**finire**	*to finish*
parto	*I leave*		finisco	*I finish*
parti	*you (informal) leave*		finisci	*you (informal) finish*
parte	*he, she leaves/you (formal) leave*		finisce	*he, she finishes/you (formal) finish*
partiamo	*we leave*		finiamo	*we finish*
partite	*you (pl. informal) leave*		finite	*you (pl. informal) finish*
partono	*they, you (pl. formal) leave*		finiscono	*they, you (pl. formal) finish*

Remember that in Italian:

sc followed by an **-o**, (or **-a/-u**) is pronounced as *sk* in *skirt.*

sc followed by an **-e** or **-i** is pronounced as *sh* in *shirt.*

5 Irregular verbs

Some verbs do not follow the regular pattern:

essere	to be	avere	to have
sono	I am	**ho**	I have
sei	you are	**hai**	you have
è	he, she, it is, you (formal) are	**ha**	he, she, it has, you (formal) have
siamo	we are	**abbiamo**	we have
siete	you (pl. informal) are	**avete**	you (pl. informal) have
sono	they are, you (pl. formal) are	**hanno**	they have, you (pl. formal) have

Pratica *Practice*

1 a Che negozio è questo?

b Che negozio è questo?

c Che cosa si compra qui?

d Che negozio è questo?

2a Ask a passer-by if there is a supermarket
bank
chemist's
tourist office
bookshop nearby.

b Say that you must go to the bank.
are going to the grocer's.
must go to the greengrocer's.

3a Ask the greengrocer for half a kilo of ripe tomatoes.
five bananas.

b Ask the shop assistant the price of 100 grams of cured ham.
1 litre of milk.
half a litre of wine.

c At the end of your shopping ask how much it is in all.

4 This is your shopping list. Which shop do you go to and what do you buy? (There are more shops listed than you will need.)

un pacco di spaghetti	panetteria
½ kg. di zucchero	alimentari
due fette di torta di mele	edicola
1L. di acqua minerale	
un francobollo per l'Inghilterra	macelleria
una scatola di tonno	farmacia
una scatola di pomodori	
aspirine	pescheria
1kg. di pane	ufficio postale

5 Practise reading aloud the following:

a un chilo di pane costa €2,58.
b un litro di latte costa €1,40.
c un etto di prosciutto crudo costa €2,20.
d un etto di formaggio costa €1,14.
e un etto di torta costa €1,10.
f un etto di caffè costa €1,24.

Try to get the gist of the passage below without concentrating too much on every single word. Several of the new words are similar to English.

ℹ️ La spesa *Shopping*

Per tradizione gli italiani preferiscono fare la spesa nei piccoli negozi specializzati piuttosto che andare al supermercato. Nei negozi specializzati i prezzi sono più alti ma il cibo è di migliore qualità e il servizio è più personale. In Italia purtroppo la coda non esiste: i clienti, nei negozi come nelle banche e negli uffici pubblici, formano dei gruppi e spesso è difficile sapere a chi tocca essere servito; quindi spesso è necessario dire **Mi dispiace, signora, ma tocca a me!**

Le **tabaccherie** commerciano su licenza dello stato (monopolio) e oltre alle sigarette ed ai tabacchi vendono francobolli e... sale, perchè anche il sale è monopolio di stato.

Generalmente le **edicole** sono chioschi che vendono soltanto giornali, riviste, libri e videocassette.

piuttosto che	*rather than*
i prezzi sono più alti	*the prices are higher*
il cibo è di migliore qualità	*the food is of a better quality*
la coda	*queue* (literally: tail)
spesso è difficile sapere	*it is often difficult to know*
come	*as well as*
a chi tocca	*whose turn it is*
quindi	*therefore*
tocca a me!	*it's my turn!*
oltre	*besides*
sale (m)	*salt*
giornali	*newspapers*
riviste	*magazines*

6 Read the previous passage again and tick the correct answer.

	Vero	Falso
a Gli italiani preferiscono andare al supermercato.	□	□
b Nel supermercato i prezzi sono più alti.	□	□
c I francobolli si comprano in tabaccheria e alla posta.	□	□

Un piccolo test *Mini-test*

Write the questions for the following answers:
1 No, grazie, questo è tutto.
2 Due euro e cinquantotto.
3 Devo andare in banca.
4 No, non è caro: è a buon mercato.
5 Deve pagare alla cassa.

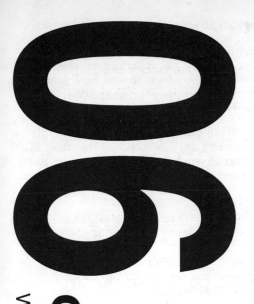

06 che ore sono?

what's the time?

In this unit you will learn how to

- tell the time
- talk about when something is going to happen
- say the days of the week
- say the months of the year

Before you start

It is not difficult to ask the time and to enquire when something, such as a shop opening, is going to occur. However, this unit contains a lot of useful vocabulary which should be learnt in order to understand Italians when they bombard you with answers to what seemed to be simple questions.

Take every opportunity to tell yourself the time in Italian and try to think of all your **appuntamenti** *appointments* or the times of TV programmes in Italian too. If you have the recording, do not forget to listen to each dialogue before reading it.

Activity

Revise the following numbers, saying them out loud.

17	7	6	31	48	12	28	15	5	67
76	13	100	1.000	2.570	12.347	25.891			

Keywords and phrases

che ore sono?/che ora è?	*what's the time?*
sono le due e dieci	*it's ten past two*
quando arriva l'aereo?	*when does the plane arrive?*
a che ora...	*what time...*
apre la banca?	*does the bank open?*
chiude il negozio?	*does the shop close?*
comincia/inizia il film?	*does the fim start?*
finisce lo spettącolo?	*does the show end?*
ạprono gli uffici?	*do the offices open?*
chiụdono i musei?	*do museums close?*
finịscono di lavorare?	*do they finish work?*
è la (prima) colazione?	*is breakfast?*
è la seconda colazione/il pranzo?	*is lunch?*
la cena?	*is dinner?*
quanto dura?	*how long does it last?*
dalle sette e mezzo alle dieci	*from seven thirty to ten*
dura due ore	*it lasts two hours*
tardi/presto	*late/early*

l'altro ieri	*the day before yesterday*
ieri	*yesterday*
questa mattina = stamattina	*this morning*
questa sera = stasera	*this evening*
oggi	*today*
che giorno è oggi?	*what's the day today?*
domani	*tomorrow*
dopodomani	*the day after tomorrow*
fra una settimana	*in a week's time*
devo comprare	*I must buy*
è chiusa	*it is closed*
medicina	*medicine*
più tardi	*later* (literally: more late)
all'ora di pranzo	*at lunchtime*
riaprono	*re-open*
dappertutto	*everywhere*
alcune città	*some towns/cities*
mezz'ora più tardi	*half an hour later*
ci vediamo	*we'll meet* (lit: we'll see each other); *see you (soon)*
è troppo lontano	*it's too far*
va bene	*OK*
vai a scuola tutti i giorni?	*do you go to school every day?*
eccetto	*except*
anche	*also/too*
le lezioni	*lessons*
sto a casa a fare i compiti	*I stay at home and do my homework*

Parti del giorno *Parts of the day*

la mattina, questa mattina	*morning/in the morning, this morning*
il pomeriggio, questo pomeriggio	*afternoon/in the afternoon, this afternoon*
la sera, questa sera	*evening/in the evening, this evening*
la notte, questa notte	*night/at night, tonight*
la notte scorsa	*last night*
l'alba	*dawn*
il tramonto	*sunset*

▶ I giorni della settimana *The days of the week*

lunedì	*Monday*	giovedì	*Thursday*
martedì	*Tuesday*	venerdì	*Friday*
mercoledì	*Wednesday*	sabato	*Saturday*
		domenica	*Sunday*

il fine settimana/l'weekend *the weekend*
lunedì prossimo/scorso   *next/last Monday*

I mesi dell'anno *The months of the year*

gennaio	*January*	luglio	*July*
febbraio	*February*	agosto	*August*
marzo	*March*	settembre	*September*
aprile	*April*	ottobre	*October*
maggio	*May*	novembre	*November*
giugno	*June*	dicembre	*December*

il mese/il febbraio prossimo/scorso   *next/last month/February*

Le quattro stagioni *The four seasons*

primavera	*spring*	autunno	*autumn*
estate (f)	*summer*	inverno	*winter*

l'estate prossima/scorsa   *next/last summer*

In Italian the days of the week, and the months, have no initial capital.

> Trenta giorni a novembre,
> con april(e), giugno e settembre.
> Di ventotto ce n'è uno,
> tutti gli altri ne han(no) trentuno.

Dialoghi *Dialogues*

▶ Dialogo 1

A tourist asks the time of a local policeman (**un vigile**); she needs some medicine but... is she too late or too early?

Turista	Scusi, che ore sono?
Vigile	Sono le tre e dieci.
Turista	Devo comprare una medicina ma la farmacia è chiusa.
Vigile	È troppo presto. La farmacia apre alle tre e mezzo. Deve ritornare piú tardi.

▶ Dialogo 2

She now decides to go to the tourist office
to enquire about shop opening times. At
what time do they open in the afternoon?

Turista	Buongiorno. Quando aprono i negozi?
Signorina	La mattina?
Turista	Sì.
Signorina	La mattina aprono alle otto e mezzo.
Turista	Chiudono all'ora di pranzo?
Signorina	Sì, alle dodici e mezzo.

Turista	E il pomeriggio?
Signorina	Il pomeriggio riaprono alle tre e mezzo e chiudono alle sette e mezzo.

Turista	Questo dappertutto?
Signorina	No, in alcune città aprono e chiudono mezz'ora più tardi.
Turista	Grazie. Buongiorno.
Signorina	Buongiorno.

▶ Dialogo 3

Marina and Monica are going to the cinema. Where are they
going to meet? Are they close friends?

Monica	A che ora comincia il film?
Marina	Alle nove.
Monica	Allora ci vediamo alle nove meno un quarto?
Marina	Va bene. Dove?

Monica	Al bar Smeraldo. Va bene?
Marina	No, è troppo lontano. Puoi venire in piazza Garibaldi?
Monica	Va bene, ci vediamo in piazza Garibaldi. Ciao.
Marina	Ciao.

Dialogo 4

On a bus you overhear this conversation between a tourist and a local child. Do Italian children go to school on Saturdays? And in the afternoon?

Turista	Vai a scuola tutti i giorni?
Bambino	Sì, tutti i giorni, eccetto la domenica.
Turista	Allora vai a scuola anche il sabato!
Bambino	Sì, anche il sabato: da ottobre a giugno.
Turista	A che ora comïnciano le lezioni?
Bambino	Cominciano alle otto e mezzo e finiscono a mezzogiorno e mezzo.
Turista	E il pomeriggio?
Bambino	Il pomeriggio sto a casa a fare i compiti.

Grammar

1 Telling the time

To ask *what's the time?* you can either say **che ore sono?** or **che ora è?** (literally: what hours are they? or, what hour is it?). The answer will be **sono le…** followed by the time.

When it's *midday* **mezzogiorno**, *midnight* **mezzanotte** or *one o'clock* **l'una**, you say **è mezzogiorno, è mezzanotte, è l'una**.

The easiest way to give the time is to say the hour followed by the minutes. The word **minuti** is not necessary.

Sono le sette e…
cinque, dieci, quindici or un quarto (*a quarter*), venti, venticinque, trenta or mezzo (*half*), trentacinque, quaranta, quarantacinque or tre quarti (*three quarters*), cinquanta, cinquantacinque.

When the time is from twenty minutes to the hour onwards, e.g. *twenty to nine/a quarter to nine*, etc. you can say **sono le nove meno venti/sono le nove meno un quarto**, etc. This literally means *it's nine minus …* minutes and you will hear it used in everyday speech. Formal announcements of time are given using the 24-hour clock.

2 Days of the week

On Mondays, on Tuesdays, etc. is translated by il lunedì, il martedì (doménica is feminine so you say la doménica).

> Lavoro dal lunedí al venerdí ma il sàbato e la doménica non lavoro.

3 'Yesterday'/'tomorrow'

Ieri, oggi, domani and dopodomani never change. Ieri, domani and dopodomani can combine with mattina, pomeriggio and sera; oggi can combine only with pomeriggio, e.g. ieri sera yesterday evening, domani mattina tomorrow morning, domani pomeriggio tomorrow afternoon, oggi pomeriggio this afternoon.

4 Plural form: città and località

Like all words ending with an accented vowel, città and località do not change in the plural.

5 Irregular verbs

dovere	to have to, must	potere	to be able, can, may
devo	I must	posso	I can
devi	you (inf.) must	puoi	you (inf.) can
deve	he, she, it, you (formal) must	può	he, she, it, you (formal) can
dobbiamo	we must	possiamo	we can
dovete	you (pl. inf.) must	potete	you (pl. inf.) can
dévono	they, you (pl. formal) must	póssono	they, you (pl. formal) can

Dovere and potere are usually followed by an infinitive, e.g. Devo partire alle tre I must leave at 3 o'clock.

Pratica Practice

1 Here are the booking times for the Politeama Margherita theatre.
a Can you book at lunchtime?
b On which day of the week can you book one hour before the show?

TEATRI

POLITEAMA MARGHERITA
(Via XX Settembre 20)
Tel. 589.329 581.697
Biglietteria – Orario: da lunedì a sabato dalle 10 alle 12,30 e dalle 15,30 alle 19. Aperture domenicali: un'ora prima dello spettacolo.

2a Does the advertisement say at what time the Victor Hugo rehearsal starts?

b On what day and at what time can you see the play at Sala E. Duse?

> ### TEATRI
>
> **TEATRO DELLA CORTE**
> Viale Duca d'Aosta – Tel. 010. 5342.300. Sono in corso le prove di **"Mille franchi di ricompensa"** di Victor Hugo Regia: Bruno Bezzon – In scena dal 5/6
>
> **SALA E. DUSE**
> **(Via N. Bacigalupo)**
> **Tel. 010.5342.300**
> Biglietteria: da lunedì, ore 1500–1900
> Prezzo: 45.000–31.000
> Giovedì ore 21: **"Il nuovo inquilino"** di Eugene Ionesco.

3a You wish to know what time the chemist's opens. How do you ask a passer-by? Remember to attract his/her attention first.

b Can you unscramble this sentence?
A comincia che lo spettacolo ora?

c Provide the question for the following answer:
La mattina aprono alle otto e mezzo.

4 Assuming that today is Tuesday the 15th, how would you define the following times using one of the combinations explained above?

lunedì 14 alle 2000 = ieri sera

a mercoledì 16 alle 1030 _____

b giovedì 17 alle 2000 _____

c lunedì 14 alle 0900 _____

d martedì 15 alle 1430 _____

e mercoledì 16 alle 2100 _____

5 Using the words in the box complete the sentences.

a _____ comincia il film?

b Sono le tre. Il negozio non è aperto: _____ .

c _____ chiude il bar?

d La farmacia è chiusa: deve ritornare _____ .

e La domenica i negozi sono _____ .

è troppo presto		più tardi
	chiusi	
quando		quando

Read the following passage as many times as necessary to enable you to understand it.

ℹ Gli orari dei negozi *Shop opening hours*

La mattina i negozi aprono alle otto e trenta e chiudono alle dodici e trenta per il pranzo. Il pomeriggio riaprono alle quindici e trenta e la sera chiudono alle diciannove e trenta. In alcune località aprono e chiudono mezz'ora più tardi. La domenica e nei giorni festivi i negozi sono generalmente chiusi eccetto in alcune località turistiche dove molti negozi sono aperti. Anche molti bar sono aperti la domenica e nelle città c'è sempre una farmacia aperta. In ogni farmacia c'è una lista di quelle aperte la domenica e la notte. Generalmente il mercoledì pomeriggio i negozi di generi alimentari sono chiusi ma i supermercati sono aperti.

per il pranzo	*for lunch*	anche	*also*
alcune	*some*	molti	*many*
località	*places*	città	*cities/towns*
mezz'ora	*half an hour*	sempre	*always*
generalmente	*generally*	lista di quelle	*list of those*
giorni festivi	*holidays*		

Un piccolo test *Mini-test*

Give the questions for the following answers:

1 La sera i negozi chiudono alle sette e mezzo.
2 Sì, la domenica c'è sempre una farmacia aperta.
3 I negozi di generi alimentari chiudono il mercoledì pomeriggio.
4 Sì, la domenica molti bar aprono.
5 No, il mercoledì pomeriggio i supermercati non chiudono.

07

a che ora parte?

what time does it leave?

In this unit you will learn how to
- ask for and understand information about trains
- ask for single and return tickets
- understand train announcements

Before you start

The ability to make your own travel arrangements will give you greater independence, flexibility and confidence. Since travel arrangements involve times and dates you may find it helpful to refer back to Unit 6.

In some units you will find patterns (or conjugations) for irregular verbs to learn by heart. If you find it hard to remember the whole conjugation, concentrate on the 1st and 2nd persons singular as these are the ones that you will need the most.

Activity

1 A tourist asks you why the chemist is not open. You answer that it is too early, and that the shops open at half past three.
2 Ask a passer-by what time the shops close on a Saturday afternoon.
3 You are at the theatre: ask when the performance ends.
4 A woman asks you how long the film lasts: what does she say?
5 The hotel receptionist asks you **Quando parte, signora?** You tell him that you will leave in a week's time.

Keywords and phrases

a che ora parte?	*what time does it leave?*
il prossimo treno per...	*the next train to...*
a che ora arriva?	*what time does it arrive?*
fare il biglietto	*to buy the ticket*
un biglietto di andata/	*a one-way ticket/*
di andata e ritorno	*a return ticket*
corsa semplice	*single journey (=one way ticket)*
per quanto tempo è valido?	*how long is it valid for?*
devo cambiare?	*must I change?*
ferma a ...?	*does it stop at...?*
il binario	*platform*
a che binario arriva?	*on what platform does it arrive?*
va direttamente a...?	*does it go directly to...?*
la coincidenza	*connection*

viaggiare	*to travel*
il treno è in anticipo	*the train is early*
il treno è in ritardo	*the train is late*
il treno è in orario	*the train is on time*
di solito	*usually*
vorrei sapere	*I would like to know*
l'orario	*timetable*
l'orario feriale	*weekly timetable*
l'orario festivo	*Sunday and holiday timetable*
il treno è in arrivo	*the train is arriving*
il treno è in partenza	*the train is leaving*
prima (classe)	*first class*
prima di	*before*
seconda (classe)	*second class*
prenotare/riservare il posto	*to book/reserve the seat*
pagare il supplemento	*to pay the surcharge*
dunque	*well then*
sono sospesi	*don't run* (lit: are suspended)
paga la tariffa ridotta?	*does he/she pay a reduced fare?*
Parigi	*Paris*
obbligatorio (-a)	*compulsory*
facoltativo (-a)	*optional*
la metà	*half*

Early can also be translated by **presto** in other contexts:

La mattina vado al lavoro molto presto.

I go to work very early in the morning.

Dialoghi *Dialogues*

▶ Dialogo 1

At the station you overhear the following conversation between a traveller and the clerk at the ticket office. Does the train leave in the morning? Is it a through train?

Viaggiatore A che ora parte il prossimo treno per Firenze?
Impiegato Alle tredici e quindici.
Viaggiatore Va direttamente a Firenze o devo cambiare?
Impiegato Deve cambiare a Pisa.
Viaggiatore A che ora arriva a Pisa?

Impiegato	Alle quindici e ventinove. La coincidenza è alle quindici e cinquantacinque.
Viaggiatore	Va bene, grazie. Due biglietti per Firenze, seconda.
Impiegato	Solo andata?
Viaggiatore	Andata e ritorno. A che binario arriva?
Impiegato	Al primo binario.
Viaggiatore	Sa se il treno è in orario?
Impiegato	Non lo so. Di solito viaggia con alcuni minuti di ritardo.

▶ Dialogo 2

Where is Francesca travelling to? Is she going alone?

Francesca	Buongiorno. Vorrei sapere l'orario dei treni per Como.
Impiegato	Quando vuole viaggiare?
Francesca	Domani mattina.
Impiegato	Domani è domenica: c'è l'orario festivo, alcuni treni sono sospesi. Dunque… c'è un treno che parte alle otto e cinquantasei. A Milano ha la coincidenza per Como alle dodici e nove.
Francesca	Il treno per Milano è un Intercity?
Impiegato	Sì, con prenotazione obbligatoria gratuita in prima classe e prenotazione facoltativa, a pagamento, in seconda classe.
Francesca	La bambina ha sette anni, paga la tariffa ridotta?
Impiegato	Sì, paga la metà.

Grammar

1 Irregular verbs

sapere *to know*	**andare** *to go*	**fare** *to do, to make*
so	**vado**	**faccio**
sai	**vai**	**fai**
sa	**va**	**fa**
sappiamo	**andiamo**	**facciamo**
sapete	**andate**	**fate**
sanno	**vanno**	**fanno**

In Italian there are two verbs for *to know*:

- **sapere**, which is irregular, is used to express the knowledge of a fact: **so le notizie** *I know the news*, **so che Maria arriva questa sera** *I know that Maria arrives this evening*; when

sapere is followed by an infinitive it means *to know how to (to be able to)*: **Angela sa guidare** *Angela can drive;*

- **conoscere**, which is a regular verb, is used to mean *to be acquainted with* (usually a person or a place): **conosco Roma** *I know Rome*; **conosco Giacomo** *I know James.*

Remember that -**sc** before -**o** is pronounced like a -k whereas before -**i** or -**e** it is pronounced like -sh.

2 Special meanings of *fare*

Fare il biglietto *to buy a ticket*. Although **fare** means *to make* or *to do*, it is used in many idiomatic phrases such as: **fare la spesa** *to go shopping*; **fare colazione** *to have breakfast*; **fare le valigie** *to pack.*

3 Bisogna *It is necessary to*

Bisogna = **è necessario** *it is necessary/one must*, is always followed by the infinitive of the verb:

Bisogna cambiare a Genova.	*It is necessary to change at Genoa.*

4 Pronunciation of 'e' and 'a'

For easier pronunciation, when **e** (*and*) and **a** (*to*) occur before a word starting with a vowel a -**d** is added:

Maria ed Elena vanno in vacanza.	*Maria and Elena go on holiday.*

5 Dunque/Allora *So, Well*

Dunque (*so/therefore*) and **allora** (*then*) are frequently used in Italian at the beginning of a sentence and, as with the English *well*, they have no particular meaning.

Pratica *Practice*

1 From the box below select the correct answers to the questions and complete the dialogue.

no, prima	andata e ritorno
sì, ecco	domani mattina

Impiegato	Quando desidera viaggiare?
Viaggiatore	_____ .
Impiegato	Solo andata?
Viaggiatore	_____ .
Impiegato	Seconda classe?
Viaggiatore	_____ .
Impiegato	Sei e sessantuno. Ha undici centesimi?
Viaggiatore	_____ .
Impiegato	Grazie. Ecco tre e cinquanta di resto.

▶ 2 Listen to the announcements on the recording, or read them out loud, and tick the right answer (**allontanarsi** = *to go away*; in this context *to keep at a distance*).

a Treno regionale per Genova delle ore sedici e trentacinque viaggia con venti minuti di ritardo.

b Il treno espresso da Roma per Losanna è in arrivo al binario quattro.

c Attenzione. Attenzione. Il treno Eurocity da Roma per Parigi è in transito al binario due. Allontanarsi dal binario due.

a Il treno per Genova   ferma in tutte le stazioni. ☐
                                non ferma in tutte le stazioni. ☐
                                è in orario. ☐

b Il treno espresso   va a Roma. ☐
                                va a Losanna. ☐
                                ha quattro minuti di ritardo. ☐

c L'Eurocity   ferma a Genova. ☐
                        ferma a Parigi. ☐
                        è in anticipo. ☐

3 Unscramble these sentences:

a un Roma ritorno andata di per biglietto e

b treno binario che a arriva da il Genova?

c due valido il è biglietto mesi per

d a parte ora che l' Firenze per Intercity?

e festivo sapere vorrei l'orario

f direttamente cambiare va o devo?

g ritardo di minuti alcuni treno il viaggia con

4 Play the part of the man at the ticket office.

Viaggiatore	Scusi, a che ora parte il prossimo treno per Roma?
Impiegato	(*The next train to Rome leaves at 10.02.*)
Viaggiatore	Va direttamente a Roma o bisogna cambiare?
Impiegato	(*It is necessary to change at Padova.*)
Viaggiatore	A che ora è la coincidenza?

Impiegato	(*The connection is at 11.00 and you arrive in Rome at 18.30.*)
Viaggiatore	È un treno interregionale?
Impiegato	(*No, it is an inter-city train.*)
Viaggiatore	Bisogna prenotare il posto?
Impiegato	(*Yes, it is necessary to book the seat.*)
Viaggiatore	Allora un biglietto per Roma, per favore.
Impiegato	(*Single?*)
Viaggiatore	Per quanto tempo è valido il biglietto?
Impiegato	(*Two months.*)
Viaggiatore	Allora andata e ritorno.
Impiegato	(*First or second class?*)
Viaggiatore	Seconda.

5 Write down the answers to the previous exercise and check them against the answers at the end of the book. Then, without looking at the book, write the questions to the answers you have written.

i I treni *Trains*

Il treno **regionale** fa un servizio locale; l'**interregionale**, il **diretto** e l'**espresso** collegano le varie regioni ma quest'ultimo (***the latter***) ferma soltanto nelle stazioni più importanti. L'**EuroCity**, l'**InterCity**, l'**EuroStar** ed altri treni che richiedono (***require***) la prenotazione sono più cari perché il prezzo del biglietto include un supplemento. I bambini fino a 4 anni viaggiano gratis e dai 4 ai 12 anni pagano la tariffa ridotta (il 50%). Oggi esiste anche un tipo di biglietto detto (***called***) **a fascia chilometrica** che si può comprare in **bar**, **edicole** e **tabaccherie**, da 10, 20, 30, fino a (***up to***) 250 km. Prima di salire sul treno è necessario **convalidare** (***to validate***) il biglietto mediante (***by means of***) un'apposita (***special/for the purpose***) macchina (**l'obliteratore**) che si trova nelle stazioni e che timbra (***stamps***) il biglietto con la data e l'ora.

Il biglietto deve essere usato entro (***within***) 6 ore dalla **convalida**. I biglietti non chilometrici sono validi per due mesi dalla data di emissione. Moltissimi treni che fanno un servizio a lungo percorso hanno un nome: **Pendolino, Riviera Express, Freccia del Sole, Romulus, Michelangelo, Capodimonte**, ecc. Dal loro nome spesso si può capire la linea o la zona in cui fanno servizio.

6 Look at the conventional timetable signs and explanations on the next page and answer:

a which sign means that you must reserve a seat?

b what does Ⓒ mean? (Note: **Si effettua** here means *it runs*.)

Simbologia ed abbreviazioni utilizzate

🚌	Nel piazzale delle stazioni o da zone attigue, sono attestati servizi bus in collegamento con loacalità non servite dal treno
EC	«EuroCity» – Treni di qualità in servizio internazionale diurno.
IC	«InterCity».
ICN	«InterCity Notte».
Ē	Treno «expresso».
D	Treno «diretto».
iR	Treno «interregionale».
R	Treno «regionale» con divieto di fumare.
Ⓡ	Prenotazione obbligatoria.
R	Prenotazione facoltativa.
®	Prenotazione obbligatoria gratuita in 1ª classe, facoltativa a pagamento in 2ª classe.
♿	Treno con servizio di trasporto invalidi su sedia a rotelle. Per i treni Trasporto Regionale per le località abilitate al servizio vedere apposito elenco riportato in normativa.
1÷99	Treno od autoservizio per il quale sono previste particolari indicazioni nelle corrispondenti annotazioni nei quadro orario.
⅜	Servizio "periodico".
:	Treno con pagamento di prezzi per treni IC.
★	Treno con pagamento di prezzi per treni ES*.
⬜L	Si effettua nei giorni lavorativi (dal lunedí al sabato).
†	Si effettua nei giorni festivi.
Ⓐ	Si effettua nei giorni lavorativi escluso il sabato.
Ⓑ	Si effettua tutti i giorni escluso il sabato.
Ⓒ	Si effettua il sabato e nei giorni festivi.
✕	Treno con servizio di ristoro in carrozza ristorante del tipo tradizionale.
⊗	Treno con servizio di ristoro in carrozza self-service.
①1	Servizio 1ª classe.
▐2	Servizio 2ª classe.
1-2	Servizio 1ª e 2ª classe.
▰	Treno verde Trenitalia. ✱
◪	Treno verde Trenitalia limitatamente ai soli giorni di sabato e festivi. ✱

Un piccolo test *Mini-test*

This is part of an Italian railway timetable. Study it carefully, consulting the symbols and abbreviations on the previous page, and answer the questions below.

km	Provenienza	R 11294 [2] [10] Sestri L.	R 21212 [2] [8] Sestri L.	IC 624 &. R [1-2] Venezia	11296 [2] [27] La Spezia	R 21214 [2] [33] La Spezia	R 2898 [1-2] ■	DD 2890 [1-2] ■
0	**Genova Brignole** 🚻	14.15	14.15	.	14.52	14.52	† 15.09	.
3	**Genova P. Principe**	14.23	14.23	Ⓐ A 14.55	15.00	15.00	15.17	🔲 15.17
7	**Genova Sampierdarena**	14.30	14.30	N	15.07	15.07	15.24	15.24
8	Genova Cornigliano	14.34	14.34	D	15.10	15.10		
10	Genova Sestri Ponente	14.38	14.38	R	15.14	15.14	15.30	15.29
13	Genova Pegli	14.42	14.42	E	15.18	15.18		
15	Genova Pra	14.46	14.46	A	15.22	15.22		
17	**Genova Voltri** 🚻	14.50	14.50		15.26	15.26		
21	Genova Vesima		14.56	D		15.32		
24	Arenzano 🚻	14.57	15.02	O	15.33	15.37	15.41	15.44
28	Cogoleto 🚻	15.01	15.07	R	15.37	15.41	15.45	15.49
35	Varazze 🚻	15.07	15.15	I	15.43	15.47	15.51	15.56
38	Celle 🚻	15.11	15.21	A	15.47	15.51		
42	Albisola 🚻	15.15	15.27	:	15.51	15.55		
46	**Savona** 🚻 a.	15.20	15.35	Ⓐ : 15.26	15.57	16.01	15.58	16.05

1 È martedì. Lei è alla stazione di Gęnova P. Principe alle due e trenta del pomeriggio e deve essere a Savona per (*by*) le tre e trenta del pomeriggio: che treno prende?
2 Che tipo di treno è?
3 Bisogna prenotare?
4 Il treno prende soltanto viaggiatori di prima classe?
5 Quale servizio speciale offre questo treno?
6 Come si chiama il treno?

08 che cosa vuoi fare oggi?

what do you want to do today?

In this unit you will learn how to
- say what you want to do
- understand and ask for advice
- make comparisons

Before you start

As you know, irregular verbs need to be learnt by heart: try to recite them whenever you can. For this unit you will particularly need to revise **andare, potere** and **dovere**.

Always read out loud everything that you meet which is written in Italian.

Activity

Your friend is coming from Milan by the 7.55 train. You go to the station to collect her but you arrive a little late and there is no sign of the train: you ask the **ufficio informazioni** if the train is late. The answer is: *yes, it is running twenty minutes late.* You then ask on which platform it will arrive: *it will arrive on platform 7.* Build the dialogue:

You	Il _____ da _____ delle _____ è _____ _____ ?
Impiegato	Sì _____ con _____ _____ _____ _____ .
You	A _____ _____ arriva?
Impiegato	_____ al _____ _____ .

Key words and phrases

voglio ...	I want ...
stare a casa	to stay at home
guardare la televisione	to watch television
vedere la partita	to see the match
andare a teatro	to go to the theatre
ne voglio tre	I want three (of them)
ne voglio alcuni	I want some (of them)
preferisco uscire	I prefer to go out
quale mi consiglia?	which one do you recommend?
che cosa mi consiglia?	what do you recommend?
adesso	now
poi	then/after that
compleanno	birthday
comprare un regalo	to buy a present
pensare	to think

non lo ha ancora	*he/she doesn't have it yet*
mentre	*while*
per vedere	*to see*
due posti	*two seats*
li prendo?	*shall I take them?*
vita	*life*
piano	*floor/storey*
pensa che	*(just) think*
palazzo	*building*
l'ascensore non funziona mai	*the lift never works*
ne abbiamo molte	*we have many (of them)*
secondo me	*in my opinion*
abbastanza interessante	*quite interesting*
quest'altra	*this (other) one*
spiega in dettaglio	*it explains in detail*
costa di più	*it costs more*
le opere d'arte più interessanti	*the most interesting works of art*
prezzo	*price*

A note on *andare* to go

Andare can be used with many different expressions, e.g.

a fare una passeggiata	*for a walk*
a fare la spesa	*shopping*
al cinema	*to the cinema*
al mare	*to the seaside*
in ufficio	*to the office*
in campagna	*to the countryside*
in montagna	*to the mountains*
in città	*to town*

Numeri ordinali *Ordinal numbers*

1st **primo**	5th **quinto**	9th **nono**
2nd **secondo**	6th **sesto**	10th **dẹcimo**
3rd **terzo**	7th **sẹttimo**	11th **undicẹsimo**
4th **quarto**	8th **ottavo**	12th **dodicẹsimo**

From 11th onwards, ordinal numbers are formed by dropping the final vowel of cardinal numbers and adding **-esimo** at the end (except in the case of **-tre**: **ventitreesimo, trentatreesimo**, etc. which retain the vowel). As the ordinal numbers are adjectives, their endings need to agree with the noun they qualify:

la **prima** volta   *the first time*
al **terzo** piano   *on the third floor*

With dates they are used only with the first day of the month; for other dates the simple cardinal number is used:

il **primo** luglio   *the first of July*
il **due** agosto   *the second of August*

Dialoghi *Dialogues*

▶ Dialogo 1

Since Sergio and Francesca are married they use the **tu** form when speaking to each other. Today is Saturday and they are planning what to do.

Sergio	Che cosa vuoi fare oggi?
Francesca	Adesso devo andare al supermercato, poi voglio andare in libreria a comprare un regalo per il compleanno di Chiara.
Sergio	Che cosa pensi di comprare?
Francesca	Ma, non so, forse l'ultimo libro di Umberto Eco: so che non lo ha ancora.
Sergio	Puoi comprare alcune penne biro per me? Le vorrei rosse.
Francesca	Va bene, mentre sono in centro voglio andare al teatro Margherita a vedere se ci sono due posti per questa sera: c'è 'Aida'. Se ci sono li prendo?
Sergio	Va bene, se hanno i biglietti andiamo all'opera ma se non li hanno possiamo andare al cinema: c'è un film sulla vita di Mozart che voglio vedere.
Francesca	Tu dove vai?
Sergio	Io devo andare da Paolo per un consiglio riguardo al lavoro. Pensa che abita al sesto piano in un palazzo dove l'ascensore non funziona mai!

▶ Dialogo 2

While Francesca is in the bookshop, she decides to buy a guidebook on the most artistic Italian cities. Does she buy the smaller or larger book?

IL GIRAMONDO

LA LIBRERIA
PER CHI VIAGGIA
Via Carena, 3 (Pz. Statuto)
TORINO - Tel. 472.815

CARTE E GUIDE
DI TUTTO IL MONDO

Francesca Ha una guida illustrata delle città italiane?
Libraio Ne abbiamo molte, signora.
Francesca Ne vorrei una non troppo cara ma interessante. Lei che cosa mi consiglia?
Libraio Secondo me queste due sono le migliori: questa costa di meno perché ha fotografie in bianco e nero ma è abbastanza interessante; quest'altra ha molte illustrazioni a colori e spiega in dettaglio le opere d'arte più interessanti; costa di più ma è più completa.
Francesca Quella grande mi piace di più: la prendo.

Grammar

1 'Him', 'her', 'it' and 'them'

lo, la, li, le: these words translate *him, her, it* and *them*:

Vedo Mario	**lo** vedo	*I see Mario*	*I see him*
Mangio la frutta	**la** mangio	*I eat fruit*	*I eat it*
Leggo i libri	**li** leggo	*I read the books*	*I read them*
Compro le penne	**le** compro	*I buy the pens*	*I buy them*

2 Talking about the future

Li prendo? *shall I take them?* In spoken Italian, when referring to the future, the present tense is widely used:

Domani vado al cinema.　　*Tomorrow I am going/will go to the cinema.*

L'estate prossima vado　　*Next summer I am going on*
in vacanza alle　　*holiday to the Bahamas.*
Bahamas.

3 'Of them'/'of it'

Ne abbiamo molte *We have many of them.* **Ne** stands for *of them/of it.* It is used with expressions of quantity or with numerals. In English the corresponding words are often omitted.

Quanto prosciutto vuole?	*How much ham do you want?*
Ne voglio due etti.	*I want two hundred grams (of it).*
Ha bambini?	*Do you have any children?*
Sì, ne ho due.	*Yes I have two (of them).*

4 Comparisons

In English there are two ways to say *more* and *most*: with short words *-er* or *-est* are added (*rich, richer, richest*) and with longer words *more* or *most* are used (*intelligent, more intelligent, the most intelligent*). Italian always uses **più** for *more* and **più** preceded by the definite article (**il, la, i, le**) for *most*.

Questa borsa è grande.	*This bag is large.*
Questa borsa è più grande.	*This bag is larger.*
Questa borsa è la più grande.	*This bag is the largest.*

Meno, besides *minus,* means *less* and is used in the same way as **più.**

Questa casa è grande.	*This house is large.*
Questa casa è meno grande.	*This house is less large.*
Questa casa è la meno grande.	*This house is the least large.*

At the end of a phrase **di più** or **(di) meno** are used:

Lui lavora di più.	*He works more.*
Voglio spendere di meno.	*I want to spend less.*

Note: with **meno,** *di* can be omitted.

Di (or **di** + article) are used to translate *than:*

Roberto è più giovane di Carlo.	*Roberto is younger than Carlo.*
Il pane costa meno della carne.	*Bread costs less than meat.*

5 Irregular adjectives and adverbs

Note the following irregular adjectives and adverbs (adverbs are words which describe a verb).

buono	**migliore**	**il migliore**
good	*better*	*the best*
bene	**meglio**	**il meglio**
well	*better*	*the best*
cattivo	**peggiore**	**il peggiore**
bad	*worse*	*the worst*
male	**peggio**	**il peggio**
badly	*worse*	*the worst*

Remember the agreement of the two adjectives in the box: **buono** -a, -i, -e and **cattivo**, -a, -i, -e.

La bistecca è buona ma il pesce è migliore.	*The steak is good but the fish is better.*
Jane parla bene ma Claire parla meglio.	*Jane speaks well but Claire speaks better.*
Pierino è cattivo ma suo fratello è peggiore.	*Pierino is bad but his brother is worse.*

6 Irregular verbs

volere *to want*	**stare** *to stay/to remain*
voglio	**sto**
vuoi	**stai**
vuole	**sta**
vogliamo	**stiamo**
volete	**state**
vogliono	**stanno**

Pratica *Practice*

1 A group of Italian teenagers meet in a café and discuss how to spend the afternoon.

a Sara wants to go for a walk.
b Bruno prefers to go to the cinema.
c Giovanni wants to go to the seaside.
d Franco prefers to stay in town.

e Barbara, who does not like any of the proposed activities, says she wants to go home!

Make up a dialogue:

a Sara   Io _____ .

b Bruno   Io _____ .

c Giovanni   Io _____ .

d Franco   Io _____ .

e Barbara   Io _____ .

2 Using the information in **Pratica 1** above, say and write what the five teenagers want to do.

a Sara vuole andare a fare una passeggiata.

b _____ .

c _____ .

d _____ .

e _____ .

3 Choose a verb from the first column, add a word from the second column and then one from the third to make a meaningful sentence. You should be able to create at least eight.

a voglio	vedere	domani
b posso	guardare	a casa
c preferisco +	andare +	Maria
d devo	uscire	a Roma
	stare	la televisione

4 Answer the following questions using **ne**:

a Quanti panini vuole? *(three)*

Ne voglio tre.

b Quante automobili ha? *(one)*

c Quanti ne prende? *(eight)*

d Quanto formaggio vuole? *(100 grams)*

e Quanti anni ha? *(twenty-eight)*

f Quante valigie ha? *(two)*

5 Using the words in the box complete the following sentences (**sta male** = *is not well*):

a Questo vino è buono ma quello è _____ .

b Marta sta male ma io sto _____ .

c Questo programma è cattivo ma l'altro è _____ .

d Il film mi piace ma il libro mi piace _____ .

e Questa guida è più piccola: costa _____ .

> (di meno) di più peggiore
> migliore peggio

---

6 This receipt records the purchase of four books. Using the Italian words for expensive, more expensive and least expensive fill in the spaces.

Il libro che costa €12,00 è _____

ma quello da €20,00 è _____ _____ .

I due libri da €10,00 e €8,00 sono i _____

_____ .

```
* LIBRERIA DRUETTO *
PIAZZA C.L.N. 223 TO
P . IVA 00484520010
D03            20,00
D03            10,00
D03            12,00
D02             8,00

               50,00 TL

37      16–05–03

//=BA          6226353
```

Read the following passage as many times as you need to get the gist of it and read it out loud several times before recording it to practise your pronunciation.

❶ La passeggiata *The stroll*

Agli italiani non piace stare a casa: preferiscono uscire il più possibile. Uomini e donne, dopo il lavoro in ufficio o a casa, vanno a fare una passeggiata in centro dove incontrano gli amici. Mentre passeggiano sul corso, parlano dei loro problemi, di sport, di politica e di argomenti di attualità; durante la buona stagione siedono ai tavoli dei bar all'aperto e prendono l'aperitivo.

Moltissimi italiani che abitano in città, durante il fine settimana vanno in montagna o al mare. La domenica quelli che restano in città, vanno a vedere la partita di calcio oppure vanno a… passeggio. Alcuni che restano a casa guardano la televisione ma spesso non lo vogliono ammettere.

incontrare	to meet
corso	main street/avenue/promenade
argomenti di attualità	current affairs
sedere	to sit
all'aperto	in the open
partita di calcio	football match
restare	to remain
non lo vogliono ammettere	they don't want to admit it

Un piccolo test *Mini-test*

You are buying some wine and you comment to the shop assistant as follows:

1 Which is the best?
2 Which one do you recommend?
3 I don't want a sweet wine.
4 I want to spend less.
5 I prefer this one.
6 I want three litres (*of it*).

09

quando si alza?
when do you get up?

In this unit you will learn how to
- talk about the things you do every day
- say how often something happens

Before you start

With the help of a dictionary make up your own sentences, invent new questions and answer them. Write amusing plays based on the dialogues you have memorized and then record them. Write captions in Italian on a photograph album. You will find the experience enjoyable and you will learn a great deal in many unexpected ways.

Activity

Read again **La passeggiata** in Unit 8 and answer the following questions in Italian.

1 Agli italiani piace stare a casa?
2 Che cosa preferiscono fare?
3 Dopo il lavoro dove vanno?
4 Di che cosa parlano?
5 Che cosa prendono al bar?
6 Moltissimi italiani dove vanno durante il fine settimana?

Keywords and phrases

mi sveglio presto	*I wake up early*
mi alzo alle sette	*I get up at seven*
mi lavo tutti i giorni	*I wash every day*
sempre	*always*
vado sempre in campagna	*I always go to the country*
mai	*never/ever*
non vado mai al cinema	*I never go to the cinema*
spesso	*often*
vado spesso a teatro	*I often go to the theatre*
qualche volta	*sometimes*
qualche volta esco	*I sometimes go out*
altre volte sto a casa	*at other times I stay at home*
qualche cosa/qualcosa	*something*
c'è qualcosa di interessante	*there is something interesting*
c'è qualcuno	*there is someone*
c'è nessuno?	*is anybody there?*
non c'è nessuno	*there is nobody*
non viene nessuno	*nobody comes*
non conosco nessuno	*I don't know anybody*

non c'è niente d'interessante	*there is nothing interesting*
non c'è mai niente d'interessante	*there is never anything interesting*
non fumo più	*I don't smoke any longer*
anche	*even*
intera	*whole*
come lo passate?	*how do you spend it?*
tutti e tre	*the three of us*
se mia sorella ci viene a trovare	*if my sister comes to see us*
oppure	*or*
al massimo	*at the most*
facciamo una passeggiata	*we take a stroll*
voi fumate ancora?	*do you still smoke?*
abbastanza presto	*fairly early*
cucina	*kitchen*
ne porto una tazza a...	*I take a cup (of it) to...*
certo	*sure, of course*
adesso è abbastanza grande	*now she is big enough*
prepariamo la colazione	*we get breakfast ready*
facciamo colazione tutti insieme	*we have breakfast all together*
verso le otto	*at about eight*
genitore (m)	*parent*
godere di	*to enjoy*

A quest'ora (*at this hour*) nella trattoria non c'è nessuno

Dialoghi *Dialogues*

▶ Dialogo 1

Michela has just arrived to spend a few days at Sergio's and Francesca's and she enquires how they pass their time.

Michela	La sera uscite spesso o state a casa?
Francesca	Qualche volta usciamo per due o tre sere consecutive, altre volte stiamo a casa anche una settimana intera. Questo la sera, perché di giorno naturalmente usciamo.
Michela	E il fine settimana, come lo passate?
Sergio	Dipende. Se mia sorella ci viene a trovare, oppure vengono i genitori di Francesca, stiamo a casa o, al massimo, facciamo una passeggiata. Se non viene nessuno andiamo quasi sempre tutti e tre in campagna. Qualche volta vengono anche i miei amici o le amiche di Francesca.
Michela	Guardate mai la televisione?
Francesca	Generalmente no. Soltanto qualche volta, se c'è qualcosa di estremamente interessante.
Michela	(lighting a cigarette) Voi fumate ancora?
Sergio	No, non fumiamo più.

▶ Dialogo 2

Michela asks how they start their day.

Michela	La mattina a che ora vi svegliate?
Sergio	Ci svegliamo abbastanza presto: io mi sveglio alle sei e mezzo, mi alzo, vado in cucina a fare il caffè e ne porto una tazza a Francesca. Poi mi lavo, mi faccio la barba e mi vesto.
Michela	E tu Francesca, a che ora ti alzi?
Francesca	Io mi alzo alle sette meno un quarto; mi lavo, mi vesto, mi pettino e poi sveglio Valentina.
Michela	Valentina si veste da sola?
Sergio	Certo: adesso è abbastanza grande. Noi due prepariamo la colazione, e Valentina si veste; poi facciamo colazione tutti insieme. Poi, verso le otto, usciamo.

Grammar

1 Reflexive verbs

Io lavo la camicia *I wash the shirt*: in this phrase **io** is the subject, **lavo** the verb, and **la camicia** is the object; the action expressed by the verb is carried out by the subject on the object.

However, in some cases verbs can express an action which 'reflects' back to the subject: in **io mi lavo** *I wash myself*, the action of washing refers back to the subject (*myself*); in this case the verb *to wash oneself* is called a reflexive verb.

Myself, himself, herself, etc. are called reflexive pronouns and in most cases, unlike in English, are placed before the verb. *To wash oneself* is formed by replacing the final -e of the verb **lavare** (*to wash*) with -si thus: **lavarsi** (*to wash oneself*).

lavarsi to wash oneself		
(io)	**mi** lavo	*I wash myself*
(tu)	**ti** lavi	*you wash yourself*
(lui, lei, Lei)	**si** lava	*he, she washes him/herself, you wash yourself*
(noi)	**ci** laviamo	*we wash ourselves*
(voi)	**vi** lavate	*you wash yourselves*
(loro, Loro)	**si** lạvano	*they wash themselves*

When a reflexive verb is in the infinitive form, its final **-si** is removed and the pronoun is attached to it:

voglio lavar**mi**.   *I want to wash myself.*
devo alzar**mi**.   *I must get (myself) up.*

Some verbs are reflexive both in English and in Italian:

divertirsi	*to amuse/enjoy oneself*
farsi male	*to hurt oneself*
rạdersi/farsi la barba	*to shave onself*

Here is a short list of common Italian reflexive verbs:

svegliarsi	*to wake up*	accorgersi	*to realise*
alzarsi	*to get up*	addormentarsi	*to fall asleep*
vestirsi	*to get dressed*	scusarsi	*to apologise (for)*
pettinarsi	*to comb (one's hair)*	sbagliarsi	*to be mistaken*
svestirsi	*to get undressed*	sedersi	*to sit down*

Si also translates *one* in phrases like:

Si vede la differenza.	*One sees the difference.*
Si prende l'autobus.	*One takes the bus.*

2 Personal pronouns: *mi, ti, ci, vi*

Besides translating *myself*, etc., these words can also mean *me, you* and *us* as in the following examples:

Mi vedi?	*Do you see me?*
Ti telefono domani	*I will phone you tomorrow.*
Ci scrive spesso	*S/he often writes to us.*
Vi faccio vedere la strada	*I'll show you (plural) the road.*

3 Irregular verbs

uscire *to go out*	**venire** *to come*
esco	vengo
esci	vieni
esce	viene
usciamo	veniamo
uscite	venite
escono	vengono

4 Double negative

In English, with negative words like *never, nothing,* and *nobody/no one,* **not** is omitted. However, in Italian it is retained and the double negative is used:

Non compro **niente**.	*I don't buy anything* (lit. *I don't buy nothing*)
Non parla **mai**.	*He/she never speaks.*
Non vede **nessuno**.	*He/she doesn't see anybody.*

5 presto/in anticipo *early*

Note the difference between these two expressions:

Mi alzo presto.	*I get up early.*
Il treno arriva in anticipo.	*The train arrives early.*

Presto can mean *early, soon* and *quickly*. **In anticipo** is used when referring to something which happens before a specific (scheduled) time.

6 Tutti e tre *All three*

Tutti e tre *the three of us* (*of them*); **tutti e quattro** *the four of us* (*of them*), etc.

7 Plurals

In order to keep the sound of the **c** and the **g** hard, most nouns ending in **-co**, **-ca**, **-go** and **-ga** form their plurals with **-chi**, **-che**, **-ghi** and **-ghe**, respectively:

il pacco	*parcel*	i pac**chi**
la banca	*bank*	le ban**che**
il fungo	*mushroom*	i fun**ghi**
il dialogo	*dialogue*	i dialo**ghi**

However, a few masculine nouns are exceptions to this rule and form their plurals with **-ci**:

| l'amico | *friend* | gli ami**ci** |
| il medico | *physician* | i medi**ci** |

Pratica *Practice*

▶ 1 Sergio and Francesca are paying you a visit. They propose that you should address each other with the **tu** form: **diamoci del tu!** and you accept: **d'accordo.** You then ask Francesca about herself:

You	(*What time do you wake up in the morning?*)
Francesca	Io mi sveglio verso le sei e mezzo.
You	(*And at what time do you get up?*)
Francesca	Mi alzo verso le sette meno un quarto.
You	(*What time do you go out?*)
Francesca	Esco alle otto.
You	(*Do you go out by yourself?*)
Francesca	No, esco con Sergio e Valentina.
You	(*Do you have breakfast together?*)
Francesca	Sì, insieme.

▶ 2 Now you turn to Sergio:
You	(*Who prepares breakfast?*)
Sergio	La prepariamo insieme.
You	(*Valentina has breakfast with you?*)

Sergio	Sì.
You	*(Valentina goes out with you: isn't it too early for her?)*
Sergio	No, perché in Italia la scuola inizia alle otto e mezzo.

3 Read aloud **Dialoghi 1** and **2** on page 78 and then tick the correct column.

	Vero	Falso
a La sera Sergio e Francesca escono sempre.	☐	☐
b Spesso vanno in campagna per il fine settimana.	☐	☐
c Preferiscono stare sempre a casa.	☐	☐
d Sergio si alza prima di Francesca.	☐	☐
e Francesca fa il caffè.	☐	☐
f Valentina si lava prima di tutti.	☐	☐
g Valentina sveglia i genitori.	☐	☐

4 Fill in the gaps.

a Sergio si _____ .

b Si _____ .

c Si _____ .

d Si _____ .

e Fa _____ con Francesca e con Valentina.

f Poi _____ tutti insieme.

5 Fill the spaces using the words in the box.
a Vado _____ in ufficio, eccetto il sabato e la domenica.
b Non vado _____ al cinema.
c Vado _____ a teatro.
d _____ volta vado in campagna, _____ volte sto a casa.
e C'è _____ ?
f Non c'è _____ .
g Spesso alla televisione non c'è _____ d'interessante.
h Quando vado a teatro c'è sempre _____ che ha la tosse (*cough*).

qualcuno   niente   spesso

sempre   nessuno   nessuno

qualche   altre   mai

6 a You are in a mountain village and you enter a shop, but the shop assistant seems to be missing. What do you say?
b Later you are asked if you know anybody in the village: say you don't.
c You then meet a local carrying a basket full of lovely mushrooms. Ask if she often goes mushrooming (**andare per funghi**)
d Ask her if she ever goes to town.

You shouldn't find it too difficult to understand this passage. As a last resort only, go back to Unit 3 where you have the same passage in English.

i Le regioni *The regions*

L'Italia è più o meno grande quanto la Gran Bretagna ed ha circa 58.000.000 di abitanti. È formata da venti regioni che godono di un certo grado di autonomia dal governo centrale. Prima dell'unificazione dell'Italia (1861) ogni regione era (*was*) o uno stato indipendente o parte di qualche altro stato europeo e per questa ragione ogni regione aveva (*had*), e ancora ha, dialetti che possono differire grandemente l'uno dall'altro e dalla lingua standard.

Questi dialetti si riflettono nella pronuncia della lingua ufficiale. Anche le tradizioni, i costumi e la cucina differiscono grandemente da regione a regione. L'avvento della televisione negli anni Cinquanta e la migrazione interna hanno promosso un processo di standardizzazione che è ancora in atto. Il fatto che tutte le città italiane più importanti sono state (*were*) le capitali della loro regione spiega la loro enorme ricchezza artistica.

Un piccolo test *Mini-test*

Little Marco is a naughty boy: there are things that he never does, others he does all the time. Make sentences from each pair of words in this way:

Si alza **sempre** tardi e **non** si lava **mai**.

sempre	mai
alzarsi tardi	lavarsi
vestirsi male	pettinarsi
parlare	ascoltare *to listen*
guardare la televisione	lavorare
divertirsi	studiare
sapere tutto	ubbidire *to obey*

10

ha prenotato?
did you book?

In this unit you will learn
how to
- talk about things that
  happened at a definite point
  in the past

Before you start

While in Italy you will almost certainly need to say that you have or have not done something, e.g. that you have booked or forgotten to book a room or a table. Of course one could get by using all the verbs in the infinitive and say *Ieri io prenotare un tavolo. Ieri* here would be the clue that you are talking about the past.

Activity

Read **Le regioni** in Unit 9 again and answer the following questions in Italian. (You will find that if you read the questions out loud some of the new words that you meet will sound very much like their English translations.)

1 Quanti abitanti ci sono in Italia?
2 Quante regioni ci sono?
3 In che anno è stata unificata l'Italia?
4 I dialetti esistono ancora?
5 Le tradizioni sono simili in tutte le regioni?
6 Perché moltissime città italiane sono artisticamente ricche?

Key words and phrases

ha prenotato?	*have you booked?*
ho prenotato/riservato...	*I have booked/reserved...*
due posti/un tavolo/una camera	*two seats/a table/a room*
ho confermato la prenotazione	*I have confirmed the booking*
ho perso il treno	*I have missed the train*
ho perso il biglietto	*I have lost the ticket*
ho finito il denaro/i soldi	*I have finished the money*
non ho cambiato la valuta	*I have not changed the currency*
ho dimenticato il passaporto	*I have forgotten the passport*
ho mangiato abbastanza	*I have eaten sufficiently*
ho pagato il conto	*I have paid the bill*
ho viaggiato molto	*I have travelled a lot*
ho telefonato alla polizia	*I have phoned the police*
sono partito (-a) presto	*I left early*

sono arrivato (-a) tardi	I arrived late
sono uscito (-a) sụbito	I went out at once
sono entrato (-a) nel negozio	I entered the shop
sono ritornato (-a) a casa	I returned home
sono salito (-a) sull'ạutobus	I got on the bus
sono sceso (-a) dall'ạutobus	I got out of the bus
come al sọlito	as usual
così	so
con calma	calmly/in peace
a propọsito	by the way
senti!	listen! (a word very much used by Italians)
la settimana scorsa	last week
varie cose	various things
fare un prelevamento (= prelevare)	to withdraw (money)
ci vediamo...	we will meet.../see you soon
ritirare	to collect, pick up
per salutarti	to say hello to you
è ritornata da ...	she has returned from ...
ha detto	he/she said
ha visto	he/she saw
per te	for you
hai mangiato	you have eaten
già	already
Egitto	Egypt
l'aereo	aeroplane
dormire	to sleep
vaso	vase
guasto (-a)	out of order, not working

Dialoghi *Dialogues*

▶ Dialogo 1

Sergio and Francesca are organizing themselves for their trip to Paris the next day.

Sergio   Ho prenotato un tạvolo da Manuelina per questa sera, così non abbiamo il problema di cucinare e possiamo preparare le valige con calma. A propọsito, hai confermato la prenotazione all'albergo di Parigi?

Francesca	Sì, ho confermato la settimana scorsa. Senti, ieri ho comprato varie cose e ho finito i soldi: puoi andare in banca a fare un prelevamento?
Sergio	Certamente. Hai ritirato gli assegni turistici?
Francesca	Sì, ieri. Allora ci vediamo stasera. Buon lavoro!
Sergio	Buon lavoro anche a te. Ciao.

▶ Dialogo 2

The three of them have now arrived at Manuelina's.

Cameriere	Ah, i signori Ferrari! Buonasera. Hanno prenotato?
Sergio	Sì, un tavolo per tre.
Cameriere	(*checking the booking*) Hanno un tavolo riservato in veranda, come al solito. Va bene?
Sergio	Benissimo, grazie.
Cameriere	S'accomodino.

In veranda ci sono molti posti.

▶ Dialogo 3

They order their meal and then Sergio tells Francesca that her friend Manuela, who has just arrived back from her holiday, was on the phone earlier.

Sergio	Oggi ha telefonato Manuela per salutarti: è ritornata dall'Egitto; ha detto che ritelefona più tardi.
Francesca	Quando è arrivata?
Sergio	Ieri sera. Ha detto che l'aereo è partito con due ore di ritardo così è arrivata a Genova tardissimo ed è andata subito a dormire.
Francesca	Sai se è stata al museo del Cairo? (*to Valentina*) Valentina, mangia più lentamente!

Sergio	No, non ha parlato del museo. Ha detto che ha visto dei bellissimi vasi e ne ha comprato uno per te.
Valentina	Mamma, posso prendere un altro gelato?
Francesca	No, Valentina, hai già mangiato troppo.

Grammar

1 Past participle and perfect tense

To talk about the past in simple everyday situations, e.g. **ho prenotato una camera**, Italians use the present tense of **avere** followed by what is known as the past participle. This forms the perfect tense. The past participle is formed by replacing the verb endings -**are**, -**ere** and -**ire** with -**ato**, -**uto** and -**ito** respectively.

Infinitive	Past participle
cenare *to dine*	cen**ato**
avere *to have*	av**uto**
spedire *to send*	sped**ito**

Ieri ho cenato a casa.	*I dined at home yesterday.*
Maria ha avuto l'influenza.	*Maria has had the flu.*
Ho appena spedito il pacco.	*I've just sent the parcel.*

This form is used to express both something one *has done* and something one *did*.

Some past participles have a form of their own (an irregular form). The most common are:

aprire	*to open*	**aperto**
chiudere	*to close/shut*	**chiuso**
dare	*to give*	**dato**
essere	*to be*	**stato**
dire	*to tell*	**detto**
fare	*to do/to make*	**fatto**
leggere	*to read*	**letto**
perdere	*to lose/miss*	**perso**
prendere	*to take*	**preso**
scendere	*to go/come down*	**sceso**
stare	*to stay*	**stato**

2 Verbs taking *essere*

Some verbs of state, e.g. **essere** *to be*, or motion, e.g. **andare** *to go*, and all reflexive verbs take **essere** rather than **avere**:

sono andato	*I went / I have gone*
sono partito	*I left / I have left*
mi sono lavato	*I washed myself / I have washed myself*

These verbs must agree in number and gender with the subject.

Roberto è arrivato.	*Roberto arrived.*
Manuela è partita.	*Manuela left.*
Vittorio e Paolo sono venuti.	*Vittorio and Paolo came.*
Chiara e Anna sono partite.	*Chiara and Anna left.*

3 More prepositions

Ai, dai, sui, etc. In Unit 5 you saw how the prepositions **a, di, da, in,** and **su** combine with **il, lo,** and **la**; the same prepositions combine with **i, gli,** and **le** in a similar way:

a		= ai		= agli		= alle
di		= dei		= degli		= delle
da	+ i	= dai	+ gli	= dagli	+ le	= dalle
in		= nei		= negli		= nelle
su		= sui		= sugli		= sulle

dalle loro case	*from their homes*
sugli autobus	*on the buses*
sui treni	*on the trains*
nelle banche	*in the banks*

Del, dello, della, dei, degli, delle are also used to express *some*:

Vorrei **delle** fragole.	*I'd like some strawberries.*
Ha **dello** zucchero?	*Have you got some sugar?*

4 Adverbs

Mangia più lentamente! Words which qualify (illustrate) the verb (cammino **lentamente** *I walk slowly*) are called adverbs. In English they are normally formed by adding -*ly* to the adjective: *slow* → *slowly*; in Italian -**mente** is added to the feminine form, e.g. **onesto (m), onesta (f).**

| onesto | *honest* | onestamente | *honestly* |
| rạpido | *quick* | rapidamente | *quickly/rapidly* |

Adjectives ending in **-le** and **-re** drop the final **-e** before adding **-mente**:

| fạcile | *easy* | facilmente | *easily* |
| diffịcile | *difficult* | difficilmente | *with difficulty* |

Pratica *Practice*

1 While in Italy, you write a diary about your stay. First you jot down in Italian a list of your movements:

a you got up early,
b had breakfast at 7.30,
c read an Italian newspaper,
d called a taxi (**un tassì**),

e went to the museum,
f left the museum,
g went to the bank,
h returned to the hotel.

2 There has been a burglary in the apartment next to where Sergio and Francesca live. The police ask questions of all the residents. Change the verbs in the box below into the past tense and use them to complete the following. You will need to use some verbs more than once.

Poliziotto La mattina a che ora vi siete svegliati?
Sergio Ci siamo _____ abbastanza presto: io mi _____ _____ alle sei e _____ _____ in cucina a fare il caffè, e ne _____ _____ una tazza a Francesca. Poi mi _____ _____, mi sono fatto la barba e mi _____ _____ .
Poliziotto E Lei, signora, a che ora si è alzata?
Francesca Io mi _____ _____ alle sette meno un quarto; mi _____ _____ , mi _____ _____ e poi _____ _____ Valentina. Dopo colazione siamo usciti.
Poliziotto Hanno sentito dei rumori insọliti?
Francesca No, assolutamente niente.
Sergio Devo dire di no, tutto normalịssimo.

| svegliarsi | fare | andare | vestirsi |
| alzarsi | portare | lavarsi | svegliare |

3 You are camping at Viareggio. There is a couple next to your tent. The lady having realized that you are not Italian, comes to welcome you. Take part in the conversation that follows.

Signora Buongiorno? Loro non sono italiani.
You (*Tell her no, you are English.*)
Signora Quando sono arrivati?
You (*Say we arrived this morning.*)
Signora Ma Lei parla italiano perfettamente! Viene qui ogni anno?
You (*Say no, this is the first time* [volta].)
Signora Noi veniamo qui ogni anno perché questa è una zona molto tranquilla.
You (*Ask her where is she from.*)
Signora Io sono di Milano ma mio marito è toscano, per questa ragione veniamo qui in Toscana.
You (*Tell her you have been in Florence for a week.*)
Signora Firenze! È certamente molto bella ma in questa stagione fa troppo caldo in città!
You (*Say yes, it is too hot there so you have decided* [deciso di] *to come here.*)
Signora Sa che Lei è veramente molto simpatica *(really very nice)*? Perché questa sera non vengono a cenare *(to dine)* con noi? Io mi chiamo Liliana…

4 Fill the gaps with the right adverb forming it from the words in the box.

a Mi piace la birra _____ quella inglese.
b Bisogna mangiare _____ .
c _____ bisogna prenotare.
d Vorrei partire _____ domani.
e Questo treno va _____ a Roma.
f Questo ombrello è _____ caro.
g Per farsi capire bisogna parlare _____ .

normale
possibile
chiaro
terribile
diretto
speciale
lento

ℹ L'abitazione *Housing*

La maggior parte degli italiani che abitano in città vive in appartamenti in palazzi a molti piani. Gli edifici moderni hanno naturalmente un ascensore ma molti edifici vecchi non lo hanno, quindi ogni giorno, spesso più volte al giorno, i residenti devono salire e scendere molte scale. Forse però, questo è un bene perchè per molte persone che vivono in città questo è il solo esercizio fisico che fanno! Circa il venti per cento degli italiani possiede una seconda casa al mare, in montagna o in campagna e quando possono vanno a passare il fine settimana là. Recentemente però il governo ha aumentato la tassa sulla seconda casa e naturalmente molti proprietari sono scontenti.

vivere	to live	**possedere**	to own
palazzo	building; palace	**però**	though
quindi	therefore	**aumentare**	to increase
più volte	several times	**tassa**	tax
scale	stairs	**scontenti**	unhappy
un bene	a good thing		

Un piccolo test *Mini-test*

Read the passage above and answer these questions.

1 Dove vive la maggior parte degli italiani?
2 C'è l'ascensore in tutti i palazzi?
3 Quali sono gli edifici che non hanno l'ascensore?
4 Molte persone che vivono in città fanno molto esercizio fisico?
5 Che cosa ha fatto recentemente il governo?
6 I proprietari delle seconde case sono contenti?

la spesa
shopping

In this unit you will
- practise shopping for food and clothes
- practise asking for a discount
- revise numbers – Units 3, 4, 5
- revise how to ask for something, how to state quantities, how to ask the price – Unit 5
- revise how to describe something – Unit 4

In rosticceria si compra cibo pronto da asporto *ready-cooked food to take away*

Test your understanding

Read this passage: try to memorize any new word you meet. Some of the new terms are very similar to their English translations.

ℹ Il cibo in Italia *Food in Italy*

Agli italiani piace mangiare bene. Molti vanno ogni giorno a fare la spesa al mercato perché sanno che c'è una grande differenza tra i cibi freschi e quelli... meno freschi. Molte persone hanno una vera mania per i cibi genuini e durante il fine settimana vanno in campagna a comprare carne di animali non trattati con antibiotici, verdure coltivate senza pesticidi e vino fatto senza additivi. Contrariamente a molti inglesi, usano il cibo come argomento di conversazione. Tra le priorità di molti italiani (non tutti!) c'è anche l'abbigliamento e l'arredamento delle loro case.

vero, -a	*true, real*
trattare	*to treat*
l'argomento	*topic, issue*
l'abbigliamento	*clothes*
l'arredamento	*furnishings*

Ha capito? *Understood?*

1 Che cosa vanno a comprare in campagna molti italiani?
2 Parlano spesso di cibo?
3 Oltre all'arredamento ed al cibo che cosa è importante per molti?

Cibo/cibi/vivande *Food*

una porzione di...	*a portion of...*
vitello arrosto	*roast veal*
pollo arrosto	*roast chicken*
verdure ripiene	*stuffed vegetables*
una fetta di torta di verdura	*a slice of vegetable pie*
salame nostrano	*locally produced salami*
una scatoletta di pomodori pelati	*a tin of peeled tomatoes*
una lattina di...	*a can of...*
caffè macinato	*ground coffee*
birra	*beer*
coca cola	*coca cola*
una bottiglia di olio di oliva	
(or: d'olio d'oliva)	*a bottle of olive oil*
mezza dozzina di uova	*half a dozen eggs*
un pezzo di formaggio	*a piece of cheese*
che tipi ha?	*what kinds do you have?*
un cespo di lattuga	*a head of lettuce*
un pacchetto di piselli surgelati	*a packet of frozen peas*
un grappolo d'uva	*a bunch of grapes*
carne macinata	*minced meat*
salsiccia/manzo	*sausage/beef*
maiale/agnello	*pork/lamb*
pesce (m)	*fish*
burro	*butter*
(pomodori) pelati	*peeled (tomatoes)*
una pagnotta integrale	*a wholemeal loaf*
questo pesce è fresco?	*is this fish fresh?*
grasso	*fat*
stagionato	*fully matured*
assaggiare	*to taste*
pecorino	*sheep's milk cheese*
piccante	*strong*
uova di giornata	*new-laid eggs*

lo può incartare?	*can you wrap it?*
può mettere tutto in un sacchetto?	*can you put everything in a (carrier) bag?*
grazie lo stesso	*thanks all the same*
tra	*between, among*
voglio dire	*I mean*
un po' caro, no?	*a bit dear/expensive, isn't it?*

One way of helping you remember these new words is to think about them when doing your own shopping. Try to imagine that you have to order everything you need in Italian.

Cereali integrali *Wholegrain cereals*

Study the advertisement below and answer the questions.

Meglio integrale, ma...

Nella parte esterna dei cereali integrali (quella che normalmente si elimina con la raffinazione) si trovano la fibra, le vitamine, i sali minerali e persino un antibiotico naturale.

Purtroppo è proprio su questa parte esterna che si concentrano inevitabilmente i pesticidi e le sostanze chimiche usate normalmente in agricoltura.

1 In what part of the grain is most of the goodness found?
2 What else may be found there?
3 What is the advertisement proposing?

▶ Dialogo 1

Oggi Manuela non ha il tempo per cucinare (*the time to cook*) e va in rosticceria. Quali sono gli ingredienti delle verdure ripiene?

Manuela	Due porzioni di vitello arrosto e una fetta di torta di carciofi.
Rosticcere	La fetta va bene così, o la vuole più grande?
Manuela	Così va bene. Questo che cos' è?
Rosticcere	Queste sono zucchine ripiene.
Manuela	Voglio dire… che ripieno è?
Rosticcere	Uova, carne, formaggio, funghi, origano…
Manuela	Me ne dia una porzione.
Rosticcere	Desidera altro?
Manuela	Per oggi è tutto, grazie. Quant'è?
Rosticcere	Undici e trentasei in tutto.

carciofi	*artichokes*
zucchine	*courgettes*

Grammar

Me ne dia una porzione. Before **ne, lo, la, li** and **le** the following pronouns:

mi	ti	ci	si	vi	become
me	te	ce	se	ve	

Pratica 1

It's your turn now. Make up this dialogue with the **rosticcere**:

You	*What filling is it?*
Rosticcere	Tonno e maionese.
You	*You will take two portions of it. Then you would like one portion of roast chicken and one of fish salad. Is the fish salad fresh?*
Rosticcere	Freschissima.
You	*Ask if he can wrap it well and how much it is.*
Rosticcere	Sette e sessantanove.

You	*Here are ten Euros.*
Rosticcere	Ecco due e trentuno di resto.

▶ Dialogo 2

Francesca è in campagna con la sua famiglia e va a fare la spesa nel villaggio. Che tipo di caffè compra? Che tipo di uova vuole?

Francesca	Vorrei del salame nostrano non troppo grasso.
Negoziante	Ho questo stagionato, buonissimo. Lo vuole assaggiare?
Francesca	Sì, grazie. Mmm... è buono, me ne dia tre etti. Mi dia anche un pezzo di pecorino non troppo piccante.
Negoziante	Va bene così, o ne vuole di meno?
Francesca	Così va bene. Vorrei anche una scatoletta di tonno e una lattina di caffè macinato. Che tipi ha?
Negoziante	Ne abbiamo molti tipi ma il *Lavazza Oro* è il migliore.
Francesca	Va bene. Mi dia anche una dozzina di uova di giornata. Può mettere tutto in un sacchetto?

Pratica 2

Say that you would like:

a 300 grams of ham, not too fatty

b 6 cans of beer

c a piece of cheese, not too strong

d half a dozen new-laid eggs

e a tin of ground coffee

f a packet of frozen peas

g a tin of peeled tomatoes

h 200 grams of butter

Dialogo 3

Adesso Francesca va dal fruttivendolo. Perché i pomodori costano cari?

Francesca	Quanto costano i pomodori oggi?
Fruttivendolo	Uno e sessantacinque al chilo.
Francesca	Un po'cari, no?
Fruttivendolo	Questi sono pomodori nostrani freschissimi, signora.
Francesca	Me ne dia mezzo chilo. Poi vorrei tre grappoli d'uva bianca ed un cespo di lattuga.
Fruttivendolo	Nient'altro, signora?

Francesca	Un chilo di pesche. Mi dia anche un po' di verdura per fare il minestrone.
Fruttivendolo	Le patate e le cipolle le ha?
Francesca	Sì. Ho anche i fagioli.
Fruttivendolo	Allora... un po' di fagiolini, due zucchini, carote, un porro, e una fetta di zucca.
Francesca	Va bene. È tutto per oggi. Quant'è?
Fruttivendolo	Dunque... i pomodori, l'uva, la lattuga, le pesche ... sei e nove in tutto.

pesche	*peaches*	**fagiolini**	*green beans*
patate	*potatoes*	**porro**	*leek*
cipolle	*onions*	**zucca**	*pumpkin*
fagioli	*beans*		

Grammar

Un po' cari, no?: po' is the shortened form of **poco** *little*. **No?** or **non è vero?** at the end of a sentence corresponds to the English *isn't it? aren't you?, don't they?*, etc.

The plural form of **l'uovo** is **le uova**.

Pratica 3

a   You have no vegetables at home and you want to make a good minestrone. What do you buy?

b   Ask for one bunch of black grapes.

c   Ask the greengrocer if the green beans are local.

d   Say that you would like half a pumpkin.

e   Say that it is all for today.

f   You are in the **panetteria,** ask for half a kilo of wholemeal rolls.

g   Tell the **pescivendolo** that this fish is not fresh, you don't want it.

Pratica 4

Read the following passage and answer the questions.

ℹ In rosticceria e in panetteria *Takeaway food*

Nelle rosticcerie si può comprare cibo pronto da asporto: porzioni di pollo e vitello arrosto, torte di verdura, insalate di pesce e tante altre specialità nazionali e locali. Le panetterie vendono molti tipi di pane, grissini e focacce: focacce con cipolla, salvia, olive o fatte con la farina di granturco, fette di pizza, biscotti, eccetera. Il formaggio parmigiano fresco è eccellente da mangiare a piccoli pezzi con l'aperitivo oppure alla fine del pasto. La vera mozzarella napoletana è fatta con latte di bufala ma al giorno d'oggi spesso è fatta con latte di mucca.

grissino	breadstick	**granturco**	maize
salvia	sage	**pasto**	meal
focaccia	flat loaf	**al giorno d'oggi**	nowadays
farina	flour	**mucca**	cow

	Vero	Falso

Vero o falso? *True or False?*

a Nelle rosticcerie si possono comprare gli
   ingredienti per fare la pizza. ☐ ☐
b La vera mozzarella è fatta con latte di mucca. ☐ ☐
c Il parmigiano è buono con l'aperitivo. ☐ ☐

Abbigliamento *Clothes*

che taglia ha?	what size do you take?
che numero ha?	what size (shoes) do you take?
mi fa uno sconto?	can you give me a discount?
in vetrina	in the shop window
camerino	fitting room
camicia/camicetta	shirt/blouse
gonna	skirt
maglia	jumper
maglietta	T-shirt
cintura	belt
ạbito/vestito	dress or suit
collant	tights
un paio di...	a pair of...
scarpe/pantaloni/jeans	shoes/trousers/jeans
sciarpa di seta/lana	silk scarf/wool
borsa di pelle	leather bag
modello	style
svendita	sale
stretto (-a)	tight, narrow

▶ Dialogo 4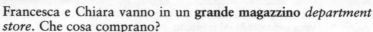

Francesca e Chiara vanno in un **grande magazzino** *department store*. Che cosa comprano?

Chiara	Ha questo vestito nella taglia 42, in giallo?
Commessa	La 42 in giallo no. Li abbiamo in verde, blu e nero. In giallo abbiamo altri modelli.
Chiara	Allora no. Queste magliette quanto costano?
Commessa	Soltanto sette e settantacinque: sono in svendita.
Chiara	Allora ne prendo due: una nera e una rosa. *(meanwhile)*
Francesca	Queste scarpe quanto costano?
Commessa	Cento euro.
Francesca	Le posso provare?
Commessa	Certo. Che numero ha?
Francesca	Il 38. Le vorrei blu.
Commessa	In blu abbiamo il 37½ o il 39.
Francesca	*(trying them on)* Ummm…queste sono un po' strette e queste sono troppo lunghe. Grazie lo stesso.

Pratica 5

You are in a department store buying the items circled in the conversion table below. Do you get a discount? Complete the dialogue that follows.

Taglie *Clothing sizes*

Women's Coats, Suits, Dresses and Blouses	Britannica	10	12	14	16	18	20
	Americana	8	10	12	14	16	18
	Continentale	38	40	42	44	⑯46	48

Adult's Shoes	Britannica	4	5	6	7	8	9	10	11
	Americana	5½	6½	7½	8½	9½	10½	11½	12½
	Continentale	㊲37	38	39	41	42	43	44	46

Men's Coats, Jackets and Suits	Britannica	34	36	38	40	42	44
	Americana	34	36	38	40	42	44
	Continentale	44	46	48	50	52	54

Men's Shirts	Britannica	14	14½	15	15½	16	16½	17	17½
	Americana	14	14½	15	15½	16	16½	17	17½
	Continentale	36	37	38	39	40	41	42	43

You	Buongiorno. Vorrei un _____ _____ _____ da tennis come quelle in _____ .
Commesso	Che numero ha?
You	_____ . Quanto _____ ?
Commesso	Quarantadue.
You	Mi fa uno _____ ?
Commesso	Mi dispiace ma abbiamo i prezzi fissi. *(in the clothes section you see a blouse you like)*
You	Vorrei una _____ bianca.
Commesso	Che taglia ha?
You	_____ . La posso _____ ?
Commesso	Certamente. S'accomodi nel camerino. *(you have tried it on and it fits.)*
Commesso	Va bene?
You	Sì, va bene. La _____ .

Un piccolo test *Mini-test*

With the help of the words in the box fill in the spaces.

a una _____ di tonno	lattina
b una _____ di caffè macinato	scatoletta
c un etto di formaggio non troppo _____	pacchetto
d una _____ di pomodori pelati	dozzina
e una _____ di olio di oliva	scatoletta
f una _____ di uova	piccante
g È _____ questo pesce?	bottiglia
h un _____ di piselli surgelati	fresco
i Può mettere tutto in un _____ ?	sacchetto

tocca a me!
it's my turn!

In this unit you will
- learn about making public telephone calls in Italy
- practise 'at the post office'
- practise how to respond to queue jumping
- learn how to change money at the bank
- learn some Internet vocabulary
- revise numbers – Units 3, 4, 5
- revise how to ask for something – Unit 5
- revise how to enquire about opening times – Unit 6
- revise how to say what you want to do – Unit 6

Test your understanding

Read the passage out loud and answer the questions below.

ℹ Cambiare la valuta in Italia *Changing money in Italy*

Per cambiare la valuta in Italia si può andare in banca o all'ufficio cambi ma il modo più pratico è quello di usare il cambiavalute elettronico che si trova negli aeroporti e, in grandi città, nelle stazioni e nelle banche. Le banche aprono dal lunedì al venerdì dalle 8.30 alle 13.20. Generalmente aprono anche il pomeriggio, tra le 15.00 e le 16.00. Il sabato, la domenica e durante i giorni festivi sono chiuse. Le banconote sono da 5, 10, 20, 50, 100 e 500 euro. Le monete sono da 1, 2, 5, 10, 20 e 50 centesimi e da 1 e 2 euro.

Ha capito? *Understood?*

1 Dove si trovano i cambiavalute automatici?
2 Generalmente quando sono aperte le banche il pomeriggio?
3 Il sabato sono aperte?
4 Qual è la banconota di taglio più grande?
5 E la moneta euro più piccola?

Comunicazione e denaro
Communications and money

telẹfono	*telephone*
devo telefonare	*I must telephone*
devo fare una telefonata	*I must make a telephone call*
devo guardare sull'elenco/guida telefọnico/-a	*I must look in the telephone directory*
carta/scheda telefonica	*phonecard*
comporre/fare il nụmero	*dial the number*
urbana	*local (call)*
interurbana	*trunk/long distance (call)*
qual è il prefisso?	*what's the code?*
deve chiamare l'operatore	*you must call the operator*
una cabina telefọnica	*a telephone booth*
si è interrotta la linea	*the line was cut off*
è occupato	*it is engaged*
richiamo	*I'll call again*
la linea è libera	*the line is free*
ma non risponde nessuno	*but there is no answer*
insegna/sịmbolo	*sign/symbol*
indicare	*to show*
funzionare	*to work, function*
chiẹdere/richiẹdere	*to ask for, require*
telefonata a cạrico del destinatario	*reverse charge call*
la segreterịa telefọnica	*answering machine*
la segreterịa telefọnica centralizzata	*call minder*
il cellulare/il telefonino	*mobile/cellular phone*
posta	*post office/mail*
un francobollo per...	*a stamp for...*
spedire/inviare/mandare	*to send*
una cartolina	*a card*
un espresso	*an express letter*
una busta	*an envelope*
il cọdice di avviamento postale	*post code*
l'indirizzo	*address*
il mittente	*the sender's address*
lo sportello	*window/counter*
ho fatto mezz'ora di coda	*I have been queueing for half an hour*

posso passare avanti?	*can I go in front of you?*
anch'io	*I too*
ho molta fretta	*I am in a great hurry*
la buca delle lettere	*letter box*
ufficio cambi	*exchange bureau*
banca	*bank*
firmi qui	*sign here*
il denaro/i soldi	*money*
valuta estera	*foreign currency*
contante	*cash*
cambiare sterline in euro	*to exchange pounds in euros*
dollari/assegno turistico	*dollars/travellers' cheques*
incassare un assegno	*to cash a cheque*
quant' è il cambio?	*what is the rate of exchange?*
s'accomodi alla cassa	*please go to the cash window*
biglietto/banconota	*banknote*
grosso taglio	*large denomination*
spiccioli/monete	*small change/small coins*
il tasso (di cambio)/il cambio	*rate (of exchange)*
il bancomat	*cash dispenser*
la posta elettronica	*e-mail*
www (read vu vu vu)	*worldwide web*
punto (.)	*dot*
barra (/)	*slash*
la chiocciola (@)	*'at' sign @*
il sito	*site*
la rete/la web	*web, net*
cliccare	*to click*
informatica	*computer science*
l'internet	*Internet*
il fax	*fax; fax machine*

▶ Dialogo 1

Marcella desidera fare una telefonata a Londra e va all'ufficio turistico. Qual è il prefisso per l'Inghilterra?

Marcella	Vorrei telefonare in Inghilterra.
Impiegata	Si accomodi alla cabina cinque.
Marcella	Qual è il prefisso?
Impiegata	0044.
	(*after a while Marcella emerges from the phone booth*)

Marcella	Prima si è interrotta la linea. Adesso è occupato. Richiamo più tardi.
	(later)
	Adesso la linea è lìbera ma non risponde nessuno.

Pratica 1

You go to the tourist office to make a telephone call.

You	*Say that you want to make a telephone call.*
Impiegata	Si accomodi alla cabina uno.
You	*Say that you haven't the number.*
Impiegata	Che città desìdera chiamare?
You	*Rome.*
Impiegata	Ha l'indirizzo?
You	*After giving the address you ask what the code is.*
Impiegata	Il prefisso è 06 e il nùmero che mi ha richiesto è 123456.
You	*Say that the line is engaged. You will call later.*

Pratica 2

Complete the following:

Lei è a Gènova e desìdera fare una _____ ad un amico che àbita a Roma ma non sa il _____ di telèfono. Deve guardare sull' _____ _____ . È una telefonata _____ : prima deve fare il _____ e poi il _____ . Non risponde nessuno: è _____ !

Dialogo 2

Mr Simpson deve spedire una lèttera e un pacco ma ha una difficoltà.

Mr Simpson	Vorrei spedire questa lèttera e questo pacco.
Impiegata	Per il pacco deve andare all'altro sportello.
Mr Simpson	Ma io ho fatto mezz'ora di coda!
Impiegata	A questo sportello non si accèttano pacchi.
	(Mr Simpson joins another queue)
Signora	Scusi, posso passare avanti? Sa, ho molta fretta...
Mr Simpson	Mi dispiace ma anch'io ho molta fretta!

Pratica 3

You are at the post office.

a Say that you are sorry but it is your turn.
b Say that you wish to send an express letter to Scotland.

c Ask the clerk if he has an envelope.
d Ask if the stamp for a card costs as much as (**quanto**) a stamp for a letter.
e Ask how much is the stamp for a card to the United States.

▶ Dialogo 3

Mrs Perkins va in banca a cambiare delle sterline in euro: quant'è il cambio oggi?

Mrs Perkins Vorrei cambiare cento sterline in euro.
Impiegato Mi può dare il passaporto?
Mrs Perkins Eccolo. Quant'è il cambio oggi?
Impiegato Uno e sessantacinque. Qual è il suo indirizzo in Italia?
Mrs Perkins Albergo San Giorgio. Santa Margherita.
Impiegato Firmi qui, per favore. Grazie. S'accomodi alla cassa.
   (*at the cash desk*)
Cassiere Come vuole la valuta?
Mrs Perkins Mi dia biglietti di grosso taglio e cinque euro in spiccioli.

Pratica 4

You go to the bank to change some dollars and some travellers' cheques.

You *Say that you would like to change U.S. $200 into euros.*
Impiegato Ha il passaporto?
You *Say yes, here it is.*
Impiegato Qual è il suo indirizzo in Italia?
You *Hotel Pitosforo. Say that you would also like to change a travellers' cheque.*
Impiegato L'assegno è in euro?
You *Say yes and ask what the rate of exchange is today.*
Impiegato Uno e dieci. S'accomodi alla cassa.
   (*at the cash desk*)
Cassiera Firmi qui, per favore. Ecco 220 euro.
You *You would like large denomination notes and 5 euros in coins. Thank her and say goodbye.*

Pratica 5

You are walking along the street and, as you see each of the signs below, you remember that you need (or must do) something. Choose two of the sentences, as appropriate, for each sign.

a _____ and _____   b _____ and _____   c _____ and _____

i Ho bisogno di valuta estera.   iv Devo cambiare delle sterline.
ii Ho bisogno di un francobollo   v Devo telefonare a Paolo.
iii Ho bisogno di chiamare   vi Devo comprare le sigarette.
    Maria.

Pratica 6

Read the following passage. Try to learn any new vocabulary you meet. Then answer the questions.

ℹ Telefonare da un posto pubblico *Phoning from a public phone*

Generalmente, per telefonare da un posto pubblico, bisogna andare all'ufficio turistico, in un bar, oppure usare una cabina telefonica. Un'insegna bianca, con il simbolo rosso di un telefono, indica che c'è un telefono pubblico. I nuovi telefoni pubblici funzionano con le monete, con la scheda e con la carta di credito. Inoltre (*Also*) si possono mandare fax, e-mail e messaggini (*sms*).

La scheda telefonica si può comprare negli uffici turistici, in alcuni bar, tabaccherie e in alcune edicole. Oltre alla scheda comune, c'è la scheda internazionale *New Columbus* per chiamare dall'estero (*from abroad*) l'Italia e il resto del mondo (*world*). *Welcome* è una scheda per gli stranieri che risiedono in Italia. *Call it* è una carta di credito telefonica per chiamare in Italia e all'estero. Se non si hanno monete o schede telefoniche si può chiamare l'operatore (numero 170) e chiedere **una telefonata a carico del destinatario**. Oggi è necessario fare il prefisso anche per le telefonate urbane (nella stessa città). I telefoni cellulari in Italia sono più dei telefoni fissi: circa 50.000.000.

Questions

a Se lei non ha monete, scheda telefonica o carta di credito come può telefonare?
b Dove si può comprare la scheda?
c È necessario comporre il prefisso anche per le chiamate locali?
d In che altro modo si può usare il telefono, oltre che (*besides*) per telefonare?
e Si possono usare banconote per telefonare?
f In Italia ci sono più telefonini o telefoni fissi?

Pratica 7

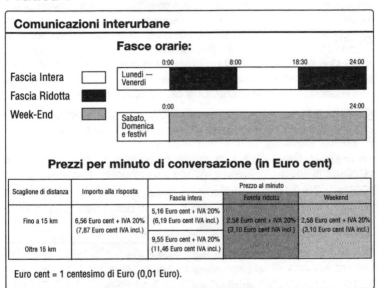

Comunicazioni interurbane

Fasce orarie:

| | 0:00 | 8:00 | 18:30 | 24:00 |

Fascia Intera □ — Lunedì – Venerdì
Fascia Ridotta ■
Week-End ▨ — Sabato, Domenica e festivi (0:00 – 24:00)

Prezzi per minuto di conversazione (in Euro cent)

Scaglione di distanza	Importo alla risposta	Prezzo al minuto		
		Fascia intera	Fascia ridotta	Weekend
Fino a 15 km	6,56 Euro cent + IVA 20% (7,87 Euro cent IVA incl.)	5,16 Euro cent + IVA 20% (6,19 Euro cent IVA incl.)	2,58 Euro cent + IVA 20% (3,10 Euro cent IVA incl.)	2,58 Euro cent + IVA 20% (3,10 Euro cent IVA incl.)
Oltre 15 km		9,55 Euro cent + IVA 20% (11,46 Euro cent IVA incl.)		

Euro cent = 1 centesimo di Euro (0,01 Euro).

a Quando si spende di meno per le telefonate interurbane dal lunedì al venerdì?
b C'è differenza di prezzo tra le telefonate a fascia ridotta (=a prezzo ridotto) e le telefonate durante il fine settimana?
c A quanto corrisponde 1 Euro cent?

Pratica 8

Read the passage and answer the questions below.

■ Informatichese *Computerese*

Benché esista la traduzione in italiano di moltissimi vocaboli concernenti l'informatica, molto spesso si preferisce usare il vocabolo in lingua inglese come **mouse** o addirittura coniare nuovi vocaboli come **testare** *to test* o **formattazione** *formatting*. Questo estratto dal supplemento Web della rivista *Panorama* è un esempio di 'informatichese'.

Per usare l'e-mail in vacanza *Using e-mail on holiday*

In vacanza senza pc e senza portatile è possibile inviare e ricevere posta e-mail. Servono due cose. Primo, l'iscrizione a un servizio di posta elettronica su web. Secondo: un computer collegato a Internet. Può bastare il pc dell'albergo, dell'ufficio turismo o quello della capitaneria del porto. Con l'e-mail su web si può inviare e ricevere posta attraverso un browser (Explorer o Netscape) invece che attraverso un programma di e-mail (Eudora, Lotus, Organizer, Outlook, Netscape Messenger).

Qual è la differenza? La web e-mail di fatto è un sito. Consente quindi un'integrazione tra funzioni web e di posta elettronica con la possibilità di inviare messaggi con sfondi colorati e animazioni ma il reale vantaggio è che s'invia e si riceve posta senza dovere usare un programma specifico, quello installato sul computer di casa.

Contribuendo a creare un'utenza più ampia per il business dei servizi in rete, la web e-mail è gratis. Non mancano però i banner (gli spot di Internet).

benché	*although*
si preferisce	*one prefers*
addirittura	*even/actually*
coniare	*to coin/to invent*
capitaneria del porto	*harbour office*
un'utenza più ampia	*a wider use*
spot	*spot/commercial*

Vero o falso? *True or false?*

a Con l'e-mail su web è possibile inviare e ricevere
   posta senza usare un programma di e-mail.   □   □

b Il vero vantaggio della web e-mail è che si
   possono inviare messaggi colorati.   □   □

Un piccolo test *Mini-test*

Ask for the following items or information:

a 12 stamps for Great Britain
b what the postcode for Rome is
c if the sender's address is necessary
d if they have a directory
e what the rate of exchange is today

13

in giro per la città

going about town

In this unit you will
- learn how to ask for, understand and give simple street directions
- learn how to understand information about public transport
- revise how to ask where something is – Unit 3
- revise how to ask for information and tickets – Unit 7
- revise how to say what you want to do – Unit 8
- revise how to talk about the things you do – Unit 9

Test your understanding

ⓘ I trasporti pubblici *Public transport*

In tutte le città e nei luoghi di villeggiatura si possono trovare tassì vicino alla stazione e nelle parti principali della città. Naturalmente i tassì si possono anche chiamare per telefono. Le tariffe variano da posto a posto e generalmente durante la notte sono più care. Viaggiare in autobus è molto a buon mercato. Nelle città la maggior parte degli autobus non ha il bigliettaio ma una macchina che timbra il biglietto con la data e l'ora: quindi è necessario comprare i biglietti prima di salire sull'autobus! I biglietti si comprano in tabaccheria, in edicola e nei bar. Su alcuni autobus c'è un distributore automatico di biglietti e allora bisogna avere moneta!

luogo di villeggiatura	*holiday resort*
bigliettaio	*bus conductor*
timbrare	*to stamp*
distributore automatico	*vending machine*

Ha capito? *Understood?*

1 Il prezzo dei biglietti per l'autobus è alto?
2 Dove si comprano i biglietti per l'autobus?
3 Per comprare i biglietti sull'autobus che cosa è necessario avere?

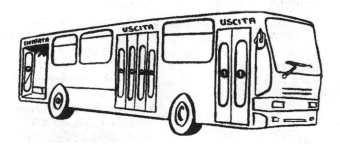

Come andare a... *How to get to...*

fermata	*bus stop*
trovare	*to find*
va avanti dritto	*you go straight ahead*
principale	*main*
gira a destra/a sinistra	*you turn right/left*
prende...	*take...*
la prima a destra	*the first on the right*
la seconda a sinistra	*the second on the left*
alla fine della strada	*at the end of the road*
all'altro lato della piazza	*at the other end of the square*
di fronte al duomo	*opposite the cathedral*
dietro la stazione	*behind the station*
sotto la torre dell'orologio	*under the clock tower*
dopo il semaforo	*after the traffic lights*
attraversa il ponte	*you cross the bridge*
i giardini	*gardens*
chiedere/domandare	*to ask*
andare a piedi	*to go on foot*
mi sono perso(-a)	*I am lost*
deve tornare indietro	*you must go back*
porto	*harbour/port*
il pontile (d'imbarco)	*jetty*
lungomare	*sea-front/promenade*
battello	*boat*
vaporetto	*water-bus*
che cosa significa...?	*what does ... mean?*

Un biglietto *A ticket*

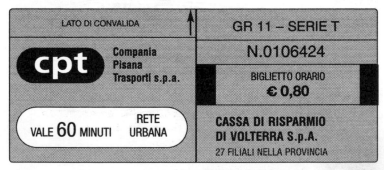

a Per quanto tempo può viaggiare in città con questo biglietto?
b Quanto costa il biglietto?

▶ Dialogo 1

Un turista chiede informazioni ad un passante (*passer-by*).

Turista	Scusi, sa dov'è la fermata dell'autobus?
Passante	Dove deve andare?
Turista	In piazza Acquaverde.
Passante	La fermata è alla fine di questa strada a sinistra, vicino al supermercato.
Turista	Vicino al supermercato, a destra.
Passante	No, a sinistra.
Turista	È lontano?
Passante	Cinque minuti da qui.
Turista	Sa che autobus devo prendere?
Passante	Il numero 27.
Turista	Molte grazie.

▶ Pratica 1

Complete this dialogue between you and a passer-by.

You	Scusi, dov'è la _____ dell'autobus?
Passante	È all'_____ _____ della piazza.
You	L'autobus per la stazione ferma a destra o a _____?
Passante	A destra.
You	La stazione è _____ ?

Pratica 2

Imagine you are trying to find your way in an Italian city. You stop a passer-by and ask where the fish market (**il mercato del pesce**) is.

You	*Ask where the fish market is.*
Passante	Il mercato del pesce? È in piazza Matteotti.
You	*Ask where piazza Matteotti is.*
Passante	È la prima strada a sinistra.
You	*Ask if it is far.*
Passante	No, due minuti.
You	*Ask if there is a bookshop in piazza Matteotti.*
Passante	No, ce n'è una in via Dante. Sa dov'è?
You	*Say no, can you go on foot?*
Passante	No, è troppo lontano. Deve prendere l'autobus.
You	*Ask where the bus stop is.*

Passante	È alla fine della strada. Vicino al semaforo.
You	*Thank him very much and say goodbye.*

Pratica 3

You are asked where the fish market is. You have just been there, give directions, using the map below.

Va _____ _____ , poi prende la _____

_____ _____ .

Il mercato è all' _____ _____ _____ piazza,

vicino ai _____ .

▶ Dialogo 2

Un gruppo di turisti desidera andare da Santa Margherita a Portofino in battello.

Turista	Scusi, da dove partono i battelli per Portofino?
Passante	Deve andare sul lungomare.
Turista	È lontano da qui?
Passante	No, va avanti dritto e quando arriva alla piazza con i giardini vede il pontile d'imbarco per i battelli: è prima del porto.
Turista	Molte grazie.
Passante	Prego.

Pratica 4

The timetable below illustrates four boat excursions (**gite**). Study it and answer the questions on page 119. (**Giro** means tour.)

Portovenere e Giro Isole Palmaria-Tino (tutto il giorno)
Sosta di 3 ore a Portovenere
Ogni Domenica (dal 16/6 al 9/9)
PARTENZE: RITORNI:
da Camogli   h. 9,10   h. 18,15 circa
da Recco   h. 8,50   h. 18,20 circa
da Sori   h. 8,50   h. 18,30 circa
da Nervi   h. 8,30   h. 19,00 circa
PREZZI:
da Nervi-Sori   €11.87 A e ridotti – €19.10 A/R
da Recco-Camogli   €10.84 A e ridotti – €18.07 A/R

5 Terre (tutto il giorno) – Sosta di 4 ore a Vernazza
Ogni Mercoledi e Venerdi (dall'1/7 al 9/9)
PARTENZE: RITORNI:
da Camogli   h. 9,30   h. 18,15 circa
da Recco   h. 9,20   h. 18,20 circa
da Sori   h. 9,15   h. 18,30 circa
da Nervi   h. 9,00   h. 19,00 circa
PREZZI:
da Nervi-Sori   €11.36 A e ridotti – €18.07 A/R
da Recco-Camogli   €10.32 A e ridotti – €17.03 A/R

Giro dei Due Golfi (Paradiso e Tiqullio)
Sosta di 1 ora a Portofino e 45 minuti a S. Fruttuoso
Ogni Martedi – Giovedi – Sabato (dall'1/7 al 9/9)
PARTENZE: RITORNI:
da Camogli   h. 15,15   h. 18,30 circa
da Recco   h. 14,50   h. 18,45 circa
da Sori   h. 15,00   h. 18,45 circa
da Nervi   h. 14,45   h. 19,00 circa
PREZZI:
da Nervi-Sori   €8.26 A e ridotti – €12.91 A/R
da Recco-Camogli   €7.23 A e ridotti – €12.39 A/R

Gita notturna a Portofino – Sosta di 1 ora a Portofino
Ogni Sabato (dal 16/6 al 9/9)
PARTENZE: RITORNI:
da Camogli   h. 21,30   h. 23,45 circa
da Recco   h. 21,20   h. 23,45 circa
da Nervi   h. 21,00   h. 24,00 circa
PREZZI:
da Nervi-Sori   €12.39 A/R
da Recco-Camogli   €11.36 A/R

a How many excursions take all day?
b Could you go to Cinque Terre on a Sunday?
c Do they run the tours in winter?
d Do the boats guarantee to return at the exact printed time?

Dialogo 3

Un turista arriva alla stazione di Venezia. Desidera andare all'isola (*island*) di Murano. Chiede indicazioni (*directions*) a un passante. Il passante indica un itinerario interessante.

Turista   Scusi, per andare a Murano...
Passante   Deve prendere il vaporetto: la linea 1 va in Piazza San Marco, poi continua per Murano. Ma c'è un itinerario più interessante: prende la linea 5, che va lungo il Canale della Giudecca, e quando arriva in Piazza San Marco prende la linea 1.
Turista   Lei è molto gentile. Grazie.
Passante   Prego.

▶ Pratica 5

After a few days in Venice you have become an expert at finding your way around. An Italian tourist stops you and asks you the way to Piazza San Marco.

Turista	Scusi, sa dov'è Piazza San Marco?
You	*You must cross the bridge.*
Turista	Attraverso il ponte e poi?
You	*Then you take the first on the left and go straight on. At the end of the road you'll see Piazza San Marco.*

Pratica 6

Read out loud the passage below. Then answer the questions.

ℹ Venezia *Venice*

A Venezia gli autobus sono vaporetti e i tassì sono motoscafi. Anche i veicoli della polizia e le ambulanze sono motoscafi. La 'via' principale è il Canal Grande che è lungo circa quattro chilometri e divide la città in due parti. I canali più piccoli si chiamano **rio**: rio Nuovo, rio San Paolo eccetera. Che cosa significa **rio**? **Rio** significa *stream/brook*. Le strade non si chiamano 'via' ma **calle**: per esempio, calle Paradiso e calle Furlani. Calle significa strada stretta o sentiero. Le piazze si chiamano **campo**: campo Santo Stefano, campo Morosini eccetera. Rio e calle sono parole antiche usate soltanto a Venezia. Tra le feste tradizionali veneziane c'è il **Carnevale** (a febbraio); il 15 e il 16 di luglio c'è **Il Redentore**: una processione di gondole e altre imbarcazioni che commemora la fine dell'epidemia nel 1575. Durante la prima domenica di settembre c'è la **Regata Storica**.

polizia	*police*	**Il Redentore**	*the Redeemer*
motoscafo	*motorboat*	**imbarcazione**	*boat, craft*
sentiero	*path*	**storico**	*historical*
campo	*field*	**epidemia**	*epidemic*

Questions

a Come si chiamano gli 'autobus' veneziani?
b Che tipo di veicoli usa la polizia?
c In che mese è la festa del Redentore?
d Che cosa celebra la festa del Redentore?

Un piccolo test *Mini-test*

Do you remember how to say:

a I am lost
b opposite the cathedral
c you must go back
d before the harbour
e after the traffic lights

f behind the station
g opposite the baker's
h under the clock tower
i near the gardens
j Can I go on foot?

14

un alloggio
accommodation

In this unit you will
- practise finding accommodation, checking in and paying the bill
- learn how to deal with some problems at hotels and campsites
- practise spelling out your name
- revise how to ask for something – Unit 5
- revise how to talk about things that have happened – Unit 10
- revise how to ask the price of something – Unit 5
- revise expressions of time – Unit 6

Test your understanding

Remember that it is very important to learn the new vocabulary as you come across it. Try not to keep referring back to the **Key words and phrases** boxes; it is better to commit words to memory.

Make sure you always read the **Dialoghi** exercises out loud so that you can practise your pronunciation.

Un posto per dormire *A place to stay*

ALBERGO
La Camogliese
☆ ☆

Centralissimo sul mare
tutte le camere con servizi – telefono – sat-tv
aperto tutto l'anno
Via Garibaldi 55 – ☎ 0185 771402 – Fax 0185 774024

In Italia ci sono cinque categorie di alberghi: di lusso (con cinque stelle ★★★★★), di prima (★★★★), di seconda (★★★), di terza (★★) e di quarta (★) categoria. Ci sono anche tre categorie di pensioni e una di locande. Una locanda è generalmente una trattoria con alcune camere da affittare. Le pensioni sono un poco più modeste degli alberghi. Negli alberghi meublé non c'è ristorante ma spesso servono la prima colazione. Gli ostelli per la gioventù e le case dello studente sono riservati a giovani e studenti ed hanno prezzi modici. In tutta l'Italia c'è anche una grande varietà di campeggi (chiamati anche *camping*).

I prezzi degli alberghi includono le tasse ma normalmente la prima colazione non è inclusa nel prezzo eccetto quando si è a pensione completa o a mezza pensione. La patente italiana può essere accettata come documento perché porta la foto del suo proprietario.

affittare	*to let, to rent*	**giovani**	*young people*
la gioventù	*youth*	**modici**	*reasonable, moderate*

Ha capito? *Understood?*

1 Sono più cari gli alberghi o le pensioni?
2 Una persona anziana può andare in un ostello per la gioventù?
3 Con la mezza pensione si deve pagare separatamente la prima colazione?
4 Si può cenare (*to dine*) in un meublé?
5 Quante stelle ha un albergo di seconda categoria?

In albergo *At the hotel*

cercare	*to look for*
ha/avete...	*have you...*
una camera libera?	*a free/vacant (bed)room?*
singola/doppia	*single/ double*
matrimoniale/a due letti	*double bedded/with twin beds*
con (senza) bagno	*with (without) bath*
con (senza) doccia	*with (without) shower*
pensione completa/mezza pensione	*full board/half board*
mi dà...	*may I have...*
i documenti?	*your documents?*
la carta d'identità	*identity card*
la patente	*driving licence*
il passaporto	*passport*
la chiave	*key*
il facchino	*porter*
la valigia	*suitcase*
carta di credito	*credit card*
assegni turistici	*travellers' cheques*
assegni (bancari)	*(personal) cheques*
c'è un errore/uno sbaglio nel conto	*there is a mistake in the bill*
mi scusi tanto	*I do apologise, I'm very sorry*
accettare	*to accept*
lasciare	*to leave*
la portineria/la reception	*reception*
subito	*at once*
in anticipo	*beforehand*
la sera prima	*the evening before*
desidero la sveglia alle ...	*I would like to be woken/called at...*

Dialogo 1

Una turista chiede (*asks*) informazioni all'ufficio turistico sugli alberghi della città. Che tipo di albergo desidera?

Turista Buongiorno. Mio marito ed io cerchiamo una camera per questa notte.

Impiegata Questa è la lista degli alberghi della città.

Turista Ci può consigliare un albergo tranquillo e non troppo caro?

Impiegata L'albergo San Giorgio e il Piccolo Hotel sono molto tranquilli. Se vuole telefono per vedere se ci sono camere libere.

Turista Sì, grazie.

albergo	**camera**
posizione panoramica ●<	acqua corrente calda e fredda ⊔
giardino 🌳	bagno 🛁
parco 🌲	doccia 🚿
autorimessa/garage 🏠	telefono ☎
parcheggio [P]	riscaldamento centrale 〰️
piscina 🏊	aria condizionata
posizione tranquilla 🚫	televisore [TV]
tennis 🎾	frigobar/ minibar ◇ ⏦
ascensore [↕]	

Pratica 1

Ask if the hotel has the following facilities:

a L'albergo è in una ●< ?

b C'è il 🌲 ?

c C'è l' [↕] nell'albergo?

d C'è l' 🏠 ?

e C'è la 🏊 ?

f L'albergo è in una 🚫 ?

g Nelle camere c'è l' ▦ ?

h C'è il ☎ ?

i C'è anche il [TV] ?

j E il 〰️ c'è?

Pratica 2

You are at the tourist office looking for a suitable hotel.

You	*Say good morning, you are looking for a hotel in a quiet position.*
Impiegata	L'albergo Giardini e il Piccolo Parco sono molto tranquilli.
You	*Ask which is the best.*
Impiegata	Ma... dipende un po' dalle sue preferenze... il Piccolo Parco è più tranquillo ma il Giardini è in una posizione panoramica.
You	*Say that Piccolo Parco is OK and ask if she can phone and see if there are any rooms available.*
Impiegata	Che tipo di camera vuole?
You	*You want a single room with shower.*

◫ Dialogo 2

Sergio e Francesca desiderano una camera per tre notti.

Portiere	Buonasera, signori.
Sergio	Buonasera. Ha una camera libera?
Portiere	Singola o doppia?
Sergio	Doppia.
Portiere	Matrimoniale o a due letti?
Sergio	A due letti, con bagno.
Portier	Mi dispiace, ma non abbiamo camere libere con bagno: soltanto con doccia.
Francesca	Con doccia va bene. Quanto costa la camera?
Portiere	Centoventi euro per notte.
Sergio	Va bene, la prendiamo.
Portiere	Per quante notti?
Sergio	Per tre notti.
Portiere	Camera 225 al secondo piano. Ecco la chiave. Mi dà i documenti, per favore?
Sergio	Ecco la carta d'identità.
Francesca	Va bene la patente?
Portiere	Certamente, signora. Grazie.

REPVBBLICA ITALIANA
COMVNE DI CAMOGLI
CARTA D'IDENTITA
N°. 01708314
DI
FERRARI SERGIO

Pratica 3

Give the questions in Italian for the following answers:

a Per tre notti.
b La camera costa centoventi euro per notte.
c Sì, la patente va benissimo.

Dialogo 3

Sergio e Francesca pagano il conto e trovano un errore.

Portiere	Buongiorno, signori.
Sergio	Il conto, per favore.
Portiere	Ecco il conto, signore.
Sergio	Che cos'è questo?
Portiere	La prima colazione, signore.
Francesca	Ma noi non abbiamo fatto colazione: c'è un errore!
Portiere	Ha ragione, signora; mi scusi tanto.
Sergio	Posso pagare con la carta di credito?
Portiere	Certamente signore, accettiamo carta di credito, valuta estera, assegni... tutto.
Sergio	A che ora dobbiamo lasciare la camera?
Portiere	A mezzogiorno. Se vuole può lasciare le valigie in portineria.
Sergio	Non è necessario. Il facchino le può portare in macchina?
Portiere	Certamente, lo chiamo subito.

Pratica 4

Read the previous dialogue and then fill in the spaces.

a Sergio chiede _____ _____ al portiere.
b Sergio e Francesca non _____ _____ colazione.
c C'è _____ _____ nel conto.

Pratica 5

Imagine you are staying in a hotel. There is quite a lot wrong with your room. Use the expressions **vorrei un altro (un'altra)**, **non funziona** or **non c'è** as appropriate in relation to the following:

a serratura   b presa di corrente   c coperta   d gruccia e acqua calda   f radiatore (m)   g luce (f)   h cuscino

In campeggio *At the campsite*

prenotare/riservare	*to book/reserve*
prenotazione	*reservation*
tenda	*tent*
parcheggiare la roulotte/ il camper	*to park the caravan/ camper/trailer*
che servizi ci sono?	*what facilities are there?*
dov'è l'acqua potạbile?	*where is the drinking water?*
la bọmbola del gas	*gas bottle*
la presa di corrente	*electric socket*
forse	*perhaps, maybe*
cartello	*sign*
nome (m)	*name, first name*
cognome (m)	*surname*

▶ Dialogo 4

Il signore e la signora Hazeltine arrivano in un campeggio senza prenotazione.

Signor H. Avete il posto per un camper?
Impiegata Per quante notti?
Signor H. Cinque notti. Forse di più.
Impiegata Ho un posto per cinque notti soltanto.
Signor H. Va bene.
Impiegata Il suo nome per favore?
Signor H. Hazeltine.
Impiegata Come si scrive?
Signor H. Acca, a, zeta, e, elle, ti, i, enne, e. Dov'è il posto per il camper?
Impiegata Va avanti dritto, poi gira a destra e vede il cartello 'CAMPERS'.
Signor H. Che servizi ci sono?

Impiegata	Bagni, docce, gabinetti, un negozio…
Signor H.	La presa della corrente c'è?
Impiegata	Certamente. Se ha bisogno di una bombola di gas la può richiedere al negozio.

Pratica 6

a Which of the two campsites shown below could you use in winter?

b Could you work out what discount you would get at the Frassanito campsite, if you were a member of Federcampeggio?

c Would you go to the Frassanito if you wanted a holiday in the countryside?

OTRANTO (Lecce)	aperto da
"Frassanito"	aprile a
– A 12km. a	settembre
nord-ovest di	sconti. 10%
Otranto – Sul	AIT-FIA-FICC
mare – Tel	20%
(0836) 85005	Federcampeggio

VILLAGGIO TURISTICO SPORTIVO
SAN GIORGIO
CAMPEGGIO INTERNAZIONALE
70040 BARI - S.S. 16 al km. 809 deviazione per
S. Giorigio km. 6 a sud di Bari
Tel. 491175-491202-491226

Aperto tutto l'anno – Bungalows – Alloggi – Trulli – Complesso nautico con rimessaggio e assistenza – Articoli de campeggio e turismo – Assistenza Caravan – Bar – Tabacchi – Alimentari – Macelleria – Spaccio frutta e verdura – Market – Pizzeria – Tavola calda – Pattinaggio Hockey – Tennis – Bocce – Palestra – Sala Attrazioni-Complesso balneare con piscina e parco gionchi per bambini – Ufficio Postale – Chiesa

▶ Pratica 7

Read the alphabet out loud and practise spelling out your **nome**, **cognome** and **indirizzo**.

L'alfabeto *The alphabet*						
A	**B**	**C**	**D**	**E**	**F**	**G**
a	bi	ci	di	e	effe	gi
H	**I**	**J**	**K**	**L**	**M**	**N**
acca	i	i-lunga / jay	cappa	elle	emme	enne
O	**P**	**Q**	**R**	**S**	**T**	**U**
o	pi	cu	erre	esse	ti	u
V	**W**	**X**	**Y**	**Z**		
vu	doppia-vu	ics	ipsilon	zeta		

Pratica 8

Read the following passage. Then answer the questions.

🚺 Soggiorno in albergo *Staying in a hotel*

Quando va in vacanza deve prenotare l'albergo in anticipo. Deve dire se desidera una camera con bagno o senza bagno; se vuole soltanto la camera, se preferisce stare a mezza pensione o a pensione completa. Se prende soltanto la camera chiede se la prima colazione è compresa (inclusa) nel prezzo. Vuole anche sapere se l'albergo accetta la carta di credito o altri tipi di pagamento come gli assegni turistici. Quando arriva chiede anche: **dove posso parcheggiare? Può far portare i bagagli in camera? A che ora è la prima colazione? A che ora è il pranzo? A che ora è la cena?** Se al mattino deve alzarsi presto la sera prima dice: **domani mattina desidero la sveglia alle... .** Se qualcosa non funziona o la camera non è tranquilla informa subito il direttore.

a Tell reception that tomorrow morning you wish to be called at six.
b Ask where you can park.
c Ask reception if they can get the porter to take your case to your room.

Un piccolo test *Mini-test*

Try to say:
1 This is room 209.
2 There is no hot water in the bathroom.
3 The shower doesn't work.
4 Have you got a list of the hotels for this town?
5 Have you got a place for a caravan?
6 Where is the drinking water?

15 buon appetito!

enjoy your meal!

In this unit you will
- learn about Italian meals
- practise how to ask for the table which you prefer
- learn how to find out if you will like a particular dish
- learn how to order drinks and meals
- revise how to express likes and dislikes – Unit 4
- revise how to ask for something – Unit 5
- revise how to say what you want to do – Unit 8

Mangiare fuori *Eating out*

tutto occupato	*all taken*
porta/finestra	*door/window*
tavola calda	*snack bar*
imbottito	*filled*
tramezzino	*sandwich*
autostrada	*motorway*
abbastanza	*reasonably/fairly*
sostanzioso	*substantial*
gestire	*to run, manage*
a turno	*in turn, in rota*
saltare	*to skip* (literally, to jump), *to omit*
ordinare un pasto	*to order a meal*
la (prima) colazione	*breakfast*
la seconda colazione/il pranzo	*lunch*
pranzare	*to (have) lunch*
la cena	*dinner*
cenare	*to dine*
fare uno spuntino/una merenda	*to have a snack*
il piatto/il menù	*dish/menu*
al forno/alla griglia	*cooked in the oven/grilled*
arrosto/bollito	*roasted/boiled*
saltato/brasato	*sauté, lightly fried/braised*
fritto/impanata	*fried/breadcrumbed*
olio/aceto	*oil/vinegar*
sottaceti	*mixed pickles*
sale/pepe	*salt/pepper*
assortimento	*selection*
prendo una bistecca	*I'll have a steak*
ben cotta/media/al sangue	*well done/medium/rare*
fatto in casa	*home-made*
bere	*to drink*
che cosa beve/prende?	*what will you drink/have?*
prendo un analcolico	*I'll have a non-alcoholic aperitif*
succo di frutta	*fruit juice*
spremuta d'arancia	*freshly squeezed oranges*
acqua minerale (non) gassata	*(not) sparkling mineral water*

digestivo	digestive (liqueur)
con/senza ghiaccio	with/without ice
secco/dolce	dry/sweet
che cosa vuol dire...?	what does ... mean?
che cosa significa...?	what does ... mean?
come si dice...?	how does one say...?
mancia	tip
della casa	of the house

Test your understanding

▶ ⓘ Mangiare bene *Eating well*

LO SPUNTINO
PANINOTECA

Via Garibaldi 172 - Tel. (0185) 773486
(Passeggiata di Camogli)
16032 CAMOGLI

• • •

HAMBURGERS
HOT DOGS
CRÊPES
45 TIPI DI PANINI
BIRRA ITALIANA ed ESTERA

In Italia si può mangiare bene anche in pizzeria e in rosticceria. Se non si ha un enorme appetito si può anche andare a una tavola calda, in paninoteca (un negozio specializzato in panini imbottiti), o in un bar. Generalmente in un bar si può prendere un panino imbottito, un tramezzino o un ...toast (pronuncia *tost*); un toast in Italia è un *toasted sandwich*.

Per chi viaggia in automobile, in autostrada ci sono gli autogrill: ristoranti dove si mangia abbastanza bene, a buon mercato. Naturalmente se si desidera qualcosa di più sostanzioso ci sono i ristoranti e le trattorie. La trattoria è forse il posto migliore per mangiare bene. Generalmente è gestita da una famiglia, il cibo è casalingo e i prezzi sono moderati.

Bar e ristoranti chiudono a turno un giorno la settimana.

▶ Ha capito? *Understood?*

1 Che cosa vende la paninoteca?
2 Che cosa bisogna dire in un bar per avere un *toasted sandwich*?
3 Dove sono gli autogrill?
4 Generalmente si mangia meglio al ristorante o in trattoria?

Dialogo 1

Chiara e Roberto vanno in una trattoria con Paul e Anne.

Roberto	Buongiorno, ha un tavolo per quattro?
Cameriere	Hanno prenotato?
Roberto	No. È possibile sedere fuori?
Cameriere	Mi dispiace ma fuori è tutto occupato. Va bene qui?
Chiara	Questo tavolo è troppo vicino alla porta.
Cameriere	Vicino alla finestra va bene?
Chiara	Sì, grazie.
Cameriere	Desiderano un aperitivo?
Paul	Sì, grazie. Io prendo un Martini con ghiaccio.
Anne	Per me un succo di albicocca.
Chiara	Per me una spremuta d'arancia.
Roberto	Io prendo un analcolico.

Pratica 1

You and your friend arrive at the same restaurant; this time there is a table available outside.

You	*Ask for a table for two.*
Cameriere	S'accomodino.
You	*Ask if you (both) can sit outside.*
Cameriere	Sì, c'è un tavolo libero. Desiderano un aperitivo?
You	*Order an alcohol-free aperitif and a tomato juice without ice.*

Pratica 2

Read the following passage and answer the questions.

ℹ Piatti italiani *Italian dishes*

Il fritto misto può essere di carne o di pesce. Generalmente nelle località di mare consiste in calamari e piccoli pesci fritti. Nelle località lontano dal mare il fritto misto consiste in carni varie e verdure miste fritte. La *mustard* inglese in italiano si chiama senape. La zuppa inglese non è una zuppa ma è un dolce simile al *trifle* inglese. Alla casalinga significa fatto in casa. In quasi tutti i ristoranti c'è un menù a prezzo fisso e una lista dei piatti del giorno. Un pasto completo consiste in **antipasto** (prosciutto e melone, salame, eccetera), il **primo piatto** (zuppa, minestrone o pasta), il **secondo piatto** (carne o pesce) con **contorno** di verdure o insalata e il **dolce** (o formaggio e frutta).

calamari	*squid*	**insalata**	*salad*
contorno	*side dish*		

a Con quale piatto è servito il contorno?
b Nelle località di campagna che cosa servono come fritto misto?
c La zuppa inglese ha verdure?

Dialogo 2

MENÙ

Antipasti
  antipasto misto
  verdure ripiene
  acciughe al limone
  prosciutto e melone o fichi

Primi Piatti
  zuppa di verdura
  spaghetti ai funghi
  risotto di mare
  fettuccine alla panna

Secondi Piatti
  scaloppine al marsala
  bistecca alla griglia
  cotoletta alla milanese
  brasato con lenticchie
  pollo alla cacciatora
  fegato alla veneziana
  pesce al cartoccio
  agnello arrosto

Contorni
  spinaci al burro o limone
  piselli al prezzemolo
  fagiolini al burro
  patate al forno e bollite
  insalata mista

Formaggi Assortiti

Frutta e Dolce
  frutta di stagione
  zuppa inglese
  torta della casa
  gelati assortiti

☆

Servizio incluso

☆

Chiara e Roberto discutono (*discuss*) il menù con i loro amici australiani Paul e Anne.

Roberto	Cameriere, può portare il menù?
Cameriere	Subito, signori. Ecco il menù.
Paul	In che cosa consiste l'antipasto misto?
Roberto	L'antipasto misto è un assortimento di verdure ripiene, salame, prosciutto, sottaceti...
Anne	Che cos'è il risotto di mare?
Chiara	*Seafood* risotto, con frutti di mare.
Paul	Panna vuol dire *cream*, non è vero?
Chiara	Sì. So che qui il pesce al cartoccio è eccellente. È pesce al forno, come si dice...*in a paper case*.
Anne	E il fegato alla veneziana?
Roberto	Il fegato è *liver*. È fritto con cipolle e alloro (*bay leaf*).

Pratica 3

Now it's your turn to ask.

You	*What is manzo brasato con lenticchie?*
Cameriere	Braised beef with lentils.
You	*What does* marsala *mean?*
Cameriere	È un tipo di vino siciliano.
You	*Is* cotoletta alla milanese *fried meat?*
Cameriere	Sì: impanata e fritta.
You	*How do you say* chop *in Italian?*
Cameriere	Braciola.

▶ Dialogo 3

Roberto, Chiara e i loro amici ordinano il pasto.

Cameriere	Desiderano ordinare?
Roberto	Sì, grazie. (*to Anne*) Tu che cosa prendi Anne?
Anne	Io prendo un antipasto misto e scaloppine al Marsala. Salto il primo piatto.
Cameriere	E come contorno?
Anne	Spinaci al limone e patate al forno.
Chiara	E tu, Paul?
Paul	Per me acciughe al limone e una bistecca alla griglia. Come contorno piselli al prezzemolo e carciofi fritti.
Cameriere	Come vuole la bistecca?
Paul	Media.
Chiara	Io prendo prosciutto crudo con fichi e risotto di mare.
Roberto	Per me fettuccine alla panna e fegato alla veneziana. Per contorno patate bollite e fagiolini al burro.

Cameriere	Da bere che cosa prendono?
Robert	Una bottiglia di vino bianco secco e una caraffa di vino rosso della casa.
Anne	E una bottiglia di acqua minerale.

acciughe	*anchovies*	**straniero/a**	*foreign man/woman*
prezzęmolo	*parsley*		

▶ Pratica 4

Your friend doesn't speak Italian so you order for both of you.

Cameriere	Desiderano ordinare?
You	*Yes, thank him and say that you will skip the hors d'oeuvre and have vegetable soup and roast lamb.*
Cameriere	E come contorno?
You	*As a side dish you will have fried artichokes and roast potatoes.*

Castello
di Spaltenna 53013 GAIOLE IN CHIANTI (SI) Tel. 0577/49483

C.I.P.A. COMPAGNIA ITALIANA PICCOLI ALBERGHI s.r.l. Dom. Fisc. Via V. Monti, 6 - MILANO	RICEVUTA FISCALE N. *1644* Art. 1 D.M. 13.10.79	XAR 30144 *100*
Partita I.V.A. 06970410152	QUANTITÀ	CORRISPETTIVO
RISTORANTE		
COPERTO	*4*	*8,00*
VINI	*1*	*10,00*
MINERALE/BIBITE	*1*	*3,00*
ANTIPASTI	*3*	*18,00*
PRIMI PIATTI	*2*	*12,00*
SECONDI PIATTI	*3*	*28,00*
CONTORNI	*3*	*9,00*
FORMAGGI		
DESSERT	*2*	*10,00*
FRUTTA	*2*	*6,00*
CAFFÈ	*4*	*5,00*
BAR		
		€109,00
01/09/03		

Cameriere	E il signore?
You	*The gentleman will have stuffed vegetables and chicken cacciatora with salad.*
Cameriere	Da bere?
You	*Half a carafe of red house wine and half a bottle of mineral water.*

Dialogo 4

Alla fine del pasto il cameriere ritorna con il menù.

Cameriere	Tutto bene?
Roberto	Sì, grazie.
Cameriere	Desiderano dolce, gelato, formaggio?
Chiara	Io vorrei un po' di frutta. Tu, Anne?
Anne	Anch'io preferisco frutta fresca.
Paul	Io prendo la zuppa inglese.
Roberto	Per me un gelato misto.
Cameriere	Dopo desiderano il caffè? Un digestivo?
Roberto	Quattro caffè e il conto per favore.

> **gelato misto**   *ice cream of mixed flavours*

Pratica 5

The waiter comes back with the menu.

Cameriere	Tutto bene?
You	*Say yes, thank you.*
Cameriere	Desiderano un dolce?
You	*You would like the home-made cake and for the gentleman some cheese.*
Cameriere	Dopo desiderano un caffè? Un digestivo?
You	*A liqueur, a coffee and the bill, please.*

Un piccolo test *Mini-test*

How would you say to the head waiter:

1 There is too much salt in the soup.
2 I would like some bread, please.
3 The chicken is cold.
4 The steak is not well done.
5 There is no pepper on the table.

16 vita in famiglia
family life

In this unit you will
- practise talking about family and home
- express how you feel and say if one is right or wrong
- revise how to describe something – Unit 4
- revise how to talk about the things you do – Unit 9
- revise how to express preferences – Unit 4

Test your understanding

▶ ⓘ Case e appartamenti *Houses and flats*

Casa significa *house* e *home*. Un edificio con appartamenti si chiama palazzo o condominio. Nei palazzi antichi, specialmente nel centro storico delle città, c'è ancora il portiere ma in quelli moderni, all'esterno, vicino all'ingresso principale, ci sono i campanelli di tutti i condomini e un citofono per comunicare con loro. Non tutte le persone posseggono l'appartamento in cui (*in which*) abitano: alcuni lo hanno in affitto. Affittare significa sia dare in affitto (*let*) che prendere in affitto (*rent*). Un appartamento con doppi servizi significa un appartamento con due bagni.

▶ Ha capito? *Understood?*

Vero o falso? *True or false?*

	Vero	Falso
1 'Casa' può essere anche un appartamento.	☐	☐
2 Nei palazzi moderni c'è il portiere.	☐	☐
3 Tutti gli italiani hanno appartamenti in affitto.	☐	☐
4 Normalmente gli appartamenti hanno doppi servizi.	☐	☐
5 Affittare vuol dire 'dare' o 'prendere' in affitto.	☐	☐

Casa e giardino *House and garden*

il portiere (m)	doorman, janitor
ingresso/campanello	entrance/bell (push)
condomino/condominio	co-owner/condominium
citofono	intercom
sia ... che	both ... and
dare/prendere in affitto	to let/rent
fiori (di campo)	(wild) flowers
albero	tree
erbe aromatiche	herbs
aglio	garlic
cucina/studio	kitchen/study
salotto/sala da pranzo	living room/dining room
caminetto	fire place
mostrare	to show
portare	to bring/carry
aiutare a lavare i piatti	to help do the washing up
stirare	to do the ironing
spolverare	to do the dusting
rifare il letto	to make the bed

Animali domestici *Pets*

il cane/la cagna	dog/bitch
il gatto/la gatta	cat/female cat
l'uccello	bird

Expressing how you feel

essere	to be
felice/triste	happy/sad
stanco(-a)	tired
simpatico(-a)/antipatico(-a)	pleasant/unpleasant
preoccupato(-a)	worried
avere	to have
caldo/freddo	hot/cold
fame/ sete	hungry/thirsty
ragione/torto	right/wrong
voglia di/bisogno di	feel like/need
d'accordo allora	that's settled then
con piacere	with pleasure
sono sicuro(-a)	I'm sure
ridere/scherzare	to laugh/to joke

ATTENTI AL CANE

contro	*against/versus*
una volta la settimana	*once a week*
che bel giardino!	*what a beautiful garden!*
chi lo cura?	*who looks after it?*
il giardiniere	*gardener*
l'orto	*vegetable garden*
più che altro	*more than anything else*
ho una passione per	*I am very keen on*
ha proprio l'atmosfera	*it really has the atmosphere*
dei tempi passati	*of bygone times*

▶ Dialogo 1

Chiara ha invitato Francesca nella sua casa di campagna.

Francesca   Che bel giardino! Chi lo cura?

Chiara   Roberto ed io, quando siamo qui. Quando non ci siamo viene un giardiniere una volta la settimana. Più che altro noi curiamo l'orto. Io ho una passione per le erbe aromatiche: rosmarino, maggiorana, basilico... però mi piacciono anche i fiori di campo.

Francesca   Questo è aglio?

Chiara   Sì. Vieni, ti mostro la casa. Questa è la cucina: è un po' vecchia ma a noi piace.

Francesca   Ha proprio l'atmosfera dei tempi passati...

Chiara   Questo è il bagno, qui c'è il salotto... la sala da pranzo... al piano di sopra c'è la nostra camera e quella per gli ospiti, un piccolo studio e un altro bagno.

Francesca   Ah... vedo che avete il caminetto!

Chiara   Sì, qualche volta è un po' un problema. Vieni, andiamo in veranda.

Grammar

1   **Che** can be used in exclamations:
   • before a noun to express *what (a)...!*
     che peccato! *what a pity!*   **che noia!** *what a nuisance!*
   • before an adjective to translate *how...!*
     che bello!   *how nice!*   **che buffo!** *how funny!*
2   When **bello** *beautiful/nice/handsome* is followed by a noun, its ending imitates the definite article (**il, lo, la,** etc.).
     bel fiore   *beautiful flower* **begli occhi**   *beautiful eyes*
     bell'idea   *nice idea*   **bei ragazzi**   *handsome boys*

Pratica 1

Answer these questions by re-shaping the question to form your answer. Esempio (*example*): **Lei ha un giardino?** (*yes*) = **Sì, ho un giardino.**

a Ci sono fiori nel suo giardino? (*yes*)
b Chi cura il giardino? (*you*)
c Ci sono alberi? (*a few*)
d Lei ha un orto? (*yes*)
e Preferisce curare il giardino o l'orto? (*the vegetable garden*)
f Che fiori preferisce? (*wild flowers*)
g La sua casa è antica o moderna? (*old*)
h Quante camere ci sono nella sua casa? (*three*)
i Quanti bagni ci sono? (*two*)
j C'è uno studio? (*no*)
k Il salotto c'è? (*there are two*)

Pratica 2

Using **Pratica 1** as an example, practise (out loud) talking about your home: **casa/appartamento, camere, giardino, orto** ...

LA FAMIGLIA FERRARI

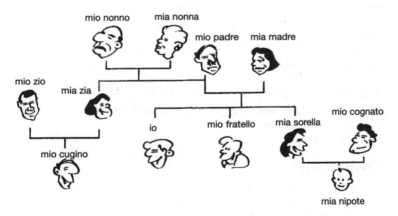

Dialogo 2

Sulla veranda Chiara mostra all'amica l'album delle fotografie di famiglia.

Chiara   Questa è mia sorella Giovanna.
Francesca   Io non la conosco.

Chiara	Ci vediamo poco perché ạbita a Verona. Questa è sua figlia: mia nipote Lorenza. Questo è mio cognato. Lui è di Roma ma ạbita a Verona da molti anni.
Francesca	Vedo che hanno un bellịssimo cane.
Chiara	Sì, hanno anche un gatto e un canarino. La settimana prọssima intendo andare a trovarli. Vuoi venire?
Francesca	Con piacere: ho bisogno di una vacanza e la settimana prọssima sono in ferie.
Chiara	D'accordo allora. Prendi qualcosa da bere?
Francesca	Ho voglia di un gelato: ne hai?
Chiara	Sì, è nel freezer. È arrivata un'auto: dẹvono ẹssere Roberto, Sergio e Valentina.
Francesca	Non pạssano molte auto qui. I tuoi vicini come sono?
Chiara	Sono molto simpạtici: lei è una biọloga di Pavia, è divorziata. Lui è vẹdovo. È avvocato. (to Roberto) Hai portato la carbonella per il barbecue?

canarino	*canary*
in ferie	*on leave/on vacation*
vicino	*neighbour*
biọlogo	*biologist*
divorziato	*divorced*
vedovo	*widower*
carbonella	*charcoal*

Pratica 3

Answer the questions in the same way as you did in **Pratica 1**.

a Lei ha fratelli e sorelle? (*a brother and a sister*)
b Quanti anni ha suo fratello? (*44*)
c E sua sorella? (*38*)
d Che lavoro fanno? (*your brother is a biologist, your sister is a lawyer*)
e Lei ha animali domẹstici? (*a dog and a cat*)
f Quando va in ferie? (*on July 15, for 3 weeks*)
g Come sono i suoi vicini? (*they are pleasant*)

Pratica 4

Practise talking about your family: one by one, say how they are related to you (cousins, in-laws, etc.), if you see them often, if they have pets … say as many things as you can think of.

Dialogo 3

Dopo il barbecue le due coppie (*the two couples*) prẹndono il caffè e contịnuano la conversazione in salotto.

Sergio	Che tranquillità! Si sẹntono soltanto gli uccelli.
Chiara	Pensa che mia suọcera quando viene qui non può dormire! Dice che qui è troppo tranquillo!
Francesca	Quando io sono triste preferisco essere in città.
Sergio	Triste? Tu non sei mai triste quando sei in campagna: ridi e scherzi tutto il giorno.
Francesca	È vero, io in campagna sto bene. Posso aiutare a lavare i piatti?
Chiara	Oggi tocca a Roberto!
Roberto	Sei sicura? Io li ho lavati ieri.
Chiara	È vero ma io ho stirato, spolverato, rifatto il letto…
Roberto	Va bene, ho capito: tocca a me!

Pratica 5

How do the people in the pictures below feel?

a Sono _____ ! **b** Sono _____ ! **c** Sono _____ !

d Ho _____ ! **e** Ho _____ ! **f** Ho _____ !

Pratica 6

Many terms in this passage are similar to their English equivalents. Read it out loud and answer the questions.

ℹ Vivere insieme *Living together*

La riforma legislativa del 1975 ha dato gli stessi diritti e gli stessi doveri sia al marito che alla moglie. La figura del marito quindi non è più quella di capofamiglia.

Il Parlamento italiano ha introdotto la possibilità di divorzio nel 1970 ma ha trovato l'opposizione di molti cattolici e nel 1974 è stato organizzato un referendum contro questa legge. Il voto popolare, però, ha confermato che il divorzio è accettato dalla grande maggioranza.

In Italia si può usare il termine *partner* in commercio o per descrivere il compagno o la compagna in relazioni sentimentali. Generalmente l'espressione *il mio compagno* o *la mia compagna* è usata da coppie che abitano insieme senza essere sposate.

diritto	*right*
il dovere	*duty*
il capofamiglia	*head of the household*
la legge	*law*
descrivere	*to describe*
insieme	*together*

Vero o falso? *True or false?*

		Vero	Falso
a	In Italia il marito è capofamiglia.	☐	☐
b	La maggioranza delle persone è per il divorzio.	☐	☐

Un piccolo test *Mini-test*

How would you say in Italian:

1 I am hot.
2 She is pleasant.
3 She is unpleasant.
4 He is tired.
5 He is right.

6 He is wrong.
7 I feel like an ice cream.
8 I need a holiday.

7

mantenersi in forma
keeping fit

In this unit you will
- learn how to explain minor ailments to the doctor or chemist
- practise talking about sporting activities
- practise buying a ticket for the theatre
- revise how to talk about the things you do – Unit 9
- revise how to say what you want to do – Unit 8
- revise how to ask for something and how to ask the price – Unit 5

Test your understanding

Read this passage out loud.

1 Il tempo libero *Free time*

Nelle località turistiche ci sono divertimenti e spettacoli per tutti i gusti e tutte le età; musica, danze folkloristiche, gare. Chi è appassionato di teatro trova facilmente qualcosa da vedere. In ogni città (anche piccola) c'è un teatro ed è abbastanza facile trovare dei posti liberi. In estate ci sono molti spettacoli all'aria aperta alcuni dei quali sono sponsorizzati dalle autorità regionali e sono gratuiti. La Stagione dell'Opera inizia a dicembre e finisce a maggio o giugno. A Verona l'opera all'aria aperta ha luogo da luglio a settembre.

Ha capito? *Understood?*

Scelga la risposta giusta *Choose the right answer*

1 Alcuni spettacoli sono
   a bellissimi ☐ **b** a ingresso libero ☐ **c** orribili ☐
2 Nelle località turistiche gli spettacoli sono
   a moltissimi ☐ **b** di buon gusto ☐ **c** facili ☐
3 Chi è appassionato di teatro
   a deve andare nelle piccole città ☐ **b** ha molta scelta ☐
   c trova posti da dicembre a maggio ☐

Salute e divertimenti *Health and entertainment*

Sport	
giocare	*to play*
squadra	*team*
avversario	*opponent*
vincere/perdere	*to win/to lose*
pareggiare	*to draw*
partita/gara	*match/race, competition*
vela/palestra	*sailing/gymnasium*
sciare	*skiing*
m'impegno di più	*I concentrate more*
calcio	*football*
faccio il tifo per	*I support*

Ambulatorio *Doctor's surgery*

mi sento male	*I feel ill*
non mi sento bene	*I don't feel well*
mi fa male ...	*my ... hurts*
ho mal di ...	*I have (a) ...*
testa/denti	*headache/toothace*
gola/stomaco	*sore throat/stomachache*
mare/d'aria	*sea-sickness/air-sickness*
tosse (f)	*cough*
taglio	*cut*
svenire	*to faint*
scottatura	*(sun) burn*
prendere una scottatura	*to get sunburnt*
puntura d'insetto	*insect bite/sting*
mi faccia vedere	*let me see*
la pelle	*skin*
prescrivere	*to prescribe*
da applicare	*to apply*

Medicine *Medicines*

compresse/pillole	*tablets/pills*
gocce/supposte	*drops/suppositories*
iniezione	*injection*
pomata	*ointment*
sciroppo/pasticche	*cough mixture/lozenges*

Spettacoli *Performances/shows*

divertimento	*amusement/entertainment*
rappresentazione (f)	*performance/show*
ingresso libero	*free admission*
commedia	*play*
posto	*seat*
platea/poltrona	*stalls/seat in the stalls*
galleria	*circle/balcony*
loggione (m)	*top balcony/the gods*
è tutto esaurito	*it's sold out*
per tutti i gusti	*for all tastes*
per tutte le età	*for all ages*
avere luogo	*to take place*
appassionato	*enthusiast*
facilmente	*easily*
molta scelta	*plenty of choice*

▶ Dialogo 1

Anne va in ambulatorio.

Anne Buongiorno dottore. Ieri sono stata tutto il giorno in barca e ho preso una scottatura. Ho usato la crema protettiva ma...

Dottore Mi faccia vedere. Vedo che ha la pelle irritata. Che sintomi ha?

Anne Ho mal di testa, una leggera nausea e un po' di bruciore alla pelle.

Dottore Le prescrivo un impacco freddo da applicare alla pelle e una pomata emolliente. Per la nausea e il mal di testa prenda queste gocce tre volte al giorno prima dei pasti.

---

barca	*boat*
bruciore	*burning/stinging sensation*
impacco freddo	*cold compress*

Pratica 1

Now answer these questions without looking at the dialogue.

a Che cosa ha preso Anne?
b La pelle com'è?
c Che sintomi ha?
d Quante volte al giorno deve prendere le gocce?
e Quali altre medicazioni deve prendere?

Pratica 2

Re-arrange this dialogue between a customer and the chemist.

Signore	Ho mal di gola.	(1)
Farmacista	Tre volte al giorno, lontano dai pasti.	(2)
Signore	Grazie, quant'è?	(3)
Farmacista	Ha anche la tosse?	(4)
Signore	Quando lo devo prendere?	(5)
Farmacista	Le do questo sciroppo.	(6)
Signore	Sì, e catarro.	(7)
Farmacista	Quattro e sessanta.	(8)

▶ Dialogo 2

Roberto e Chiara sono alla spiaggia e chiacchierano (*chat*) con una coppia di americani.

Alan   Lei pratica uno sport?

Roberto   Gioco a squash e pratico un po' di vela. E Lei?

Alan   Io faccio jogging tutte le mattine e due volte la settimana vado in palestra. E Lei, signora?

Chiara   Io gioco a tennis. In inverno Roberto ed io andiamo a sciare. Facciamo anche molto nuoto: in estate al mare e in inverno in piscina.

Susan   Anch'io gioco a tennis. Lei è brava?

Chiara   Mah… non so, qualche volta gioco bene e qualche volta male. Dipende anche dall'avversario, se è bravo m'impegno di più.

Roberto   Lo sport più popolare negli Stati Uniti è il baseball, no?

Alan   Sì. In Italia è il calcio, non è vero?

Roberto   È il calcio, sì. Io faccio il tifo per il Genoa e mia moglie per la Sampdoria: sono due squadre locali.

Chiara   Eh, sì… quando c'è la partita fra le due squadre è un po' un problema… se il Genoa perde Roberto mette il muso per due giorni. Dice che la colpa è dell'arbitro!

è un po' un problema	*it's a bit of a problem*
mette il muso	*he pulls a long face*
la colpa è dell' arbitro	*it's the referee's fault*

Pratica 3

Read the dialogue above again and answer these questions.

a Qual è lo sport più popolare in Italia?
b Quali sport pratica Chiara?
c La vela è uno sport acquatico o di montagna?
d Roberto e Chiara fanno il tifo per la stessa squadra?

Pratica 4

Make up eight sentences relating the words in the box to the sports illustrated below. Esempio: **Il polo è uno sport difficile.**

il nuoto   **la box**   **la maratona**   **il ciclismo**

la scherma   **lo sci**   **il golf**   **l'alpinismo**

energetico   monotono   rilassante   brutale   facile   difficile
esilirante   pericoloso

▶ Dialogo 3

Mr and Mrs Ross are booking two seats for a play. Is it possible for them to go on a Monday? What time is the performance?

Mr Ross	Vorrei prenotare due posti per la commedia di lunedì prossimo.
Impiegata	Mi dispiace ma non ci sono più posti: è tutto esaurito.
Mr Ross	Ci sono posti martedì?
Impiegata	Martedì abbiamo alcune poltrone in terza fila.
Mr Ross	Va bene per martedì, allora. A che ora comincia lo spettacolo?
Impiegata	Alle nove.

Pratica 5

You wish to go to see Pirandello's play.

a When can you go?
b At what time does it start?
c Is there a matinée?
d Is the company local?

AL GENOVESE
COMPAGNIE OSPITI

Da dopodomani ore 20,30

Teatro Stabile di Trieste presenta
SEI PERSONAGGI IN CERCA D'AUTORE
di Luigi Pirandello
regia di **Giuseppe PATRONI GRIFFI**
con
Mariano RIGILLO   **Ilaria OCCHINI**
Giovanni CRIPPA   **Laura MARINONI**
e con **Caterina BORATTO**
e la partecipazione straordinaria di
Vittorio CAPRIOLI

Pratica 6

Read the passage below and then do the exercise.

ℹ Sport e medicina alternativa *Sport and alternative medicine*

L'Italia offre molte possibilità per stare bene o per migliorare la propria salute. Il clima temperato e le caratteristiche del terreno incoraggiano la vita all'aria aperta e le attività sportive in generale come il nuoto, lo sci, l'alpinismo e tutti gli altri sport di mare o di montagna. Inoltre la dieta mediterranea a base di verdura fresca, frutta e pasta, è molto apprezzata dai dietologhi.

La medicina alternativa comincia ad essere apprezzata da molti medici, farmacisti e pazienti e il Ministero della Sanità ha autorizzato una lista di piante ed erbe medicinali da usare come rimedio contro molte malattie e disturbi.

Per piccole indisposizioni gli italiani vanno in farmacia. Il farmacista è laureato ed ha molta esperienza nella preparazione delle medicine, inoltre ha la facoltà di venderne alcune senza la prescrizione medica secondo la sua discrezione. In zone lontane dagli ospedali il farmacista può fare servizio di pronto soccorso come medicazioni o iniezioni.

Ministero della Sanità	*Health Ministry*
pianta	*plant*
malattia	*illness*
medicazione	*dressing*
disturbo	*disorder*
pronto soccorso	*first aid*
essere laureato	*to have a degree*
secondo	*according to*
l'ospedale	*hospital*

Vero o falso? *True or false?*

		Vero	Falso
a	La dieta mediterranea fa bene alla salute.	☐	☐
b	Le cure a base di piante ed erbe sono state approvate dal Ministero della Sanità.	☐	☐
c	Il farmacista ha molta discrezione.	☐	☐

Un piccolo test *Mini-test*

Can you say:

1 Two seats for the play.
2 What time does the opera start?
3 Do you do any sport?
4 Is the entrance free?
5 Have you two seats in the stalls?
6 Who is winning (wins)?
7 I play tennis.
8 I don't feel well.
9 I have a slight sunburn.
10 It is an insect bite.

18

che tempo fa?
what's the weather like?

In this unit you will
- practise talking about the weather and beach activities
- revise how to describe something – Unit 4
- revise how to describe the things you do – Unit 9

Test your understanding

With the help of the vocabulary below you should be able to understand the following passage. Read it out loud then answer the questions.

▶ ⓘ Il clima italiano *The Italian climate*

Il clima italiano è temperato ma con grandi differenze non soltanto tra il Nord e il Sud ma anche tra la costa e l'entroterra e tra la pianura e la montagna. Le Alpi attraversano il nord dell'Italia (da ovest a est) e gli Appennini attraversano la penisola da nord a sud. In inverno nelle Alpi fa freddo e il clima è asciutto con precipitazioni nevose e piogge scarse. In estate fa piacevolmente fresco.

Nelle regioni dell'Appennino (eccetto la Calabria) gli inverni possono essere rigidi (molto freddi) con precipitazioni abbondanti di neve e pioggia.

Nella Pianura Padana (*Po Valley*), la zona che include il Piemonte, la Lombardia e l'Emilia, il clima è freddo e umido durante l'inverno e afoso in estate.

Nella riviera ligure e lungo la costa del Mar Tirreno l'inverno è mite e l'estate è calda e asciutta.

▶ Ha capito? *Understood?*

1 Il clima italiano è uniforme?
2 Generalmente dove nevica in inverno?
3 Nella Pianura Padana il clima è buono?

Il tempo *The weather*

che tempo fa?	*what's the weather like?*
fa bel tempo	*it's fine*
fa caldo	*it's hot*
c'è il sole	*it's sunny*
il cielo è sereno	*the sky is clear*
fa cattivo tempo	*it's bad weather*
fa freddo	*it's cold*
il cielo è coperto	*the sky is overcast*
è nuvoloso (nuvola)	*it's cloudy (cloud)*
c'è un temporale	*there is a storm*
c'è la nebbia	*it's foggy*
piove (pioggia)	*it's raining (rain)*
grandina (grandine)	*it's hailing (hail)*

nevica (neve)	it's snowing (snow)
precipitazioni nevose	snowfalls
tira vento	it's windy
lampeggia/tuona	there's lightning/it's thundering
tempo ųmido	humid weather
una giornata afosa	a sultry day
c'è una leggera brezza	there is a light breeze
entroterra	inland
la pianura	the plains
asciutto	dry
scarso	meagre, scarce
rịgido/mite	severe/mild

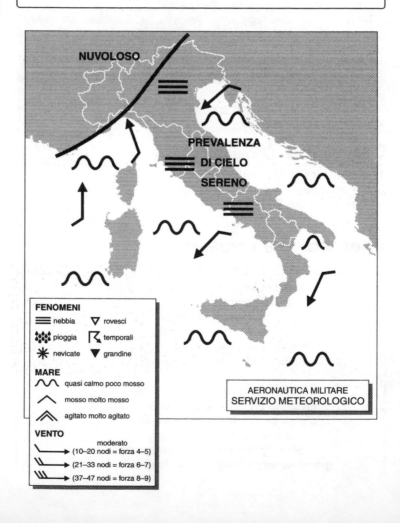

▶ Dialogo 1

Roberto e Chiara sono andati a fare un'escursione in montagna.

Chiara	Che ore sono?
Roberto	Le quattro e mezzo. È meglio cominciare a scęndere. Guarda laggiù: c'è un temporale che si avvicina da est.
Chiara	Lo vedo: fra mezz'ora è qui. Grazie al cielo ho l'impermeạbile tascạbile nello zạino. Tu hai il tuo?
Roberto	Sì. Se camminiamo di buon passo fra mezz'ora possiamo raggiụngere il rifugio.
	(*after twenty minutes*)
Chiara	Comincia a piọvere. Presto... Grạndina! Aiutooooo...!

scęndere	*to go down*
guarda laggiù	*look over there*
si avvicina	*it is approaching*
grazie al cielo	*thank heavens*
l'impermeạbile tascạbile	*lightweight pocket waterproof*
zạino	*rucksack*
di buon passo	*at a good pace*
rifugio	*mountain refuge*
aiuto!	*help!*

Pratica 1

Fill in the spaces to indicate the weather shown in the pictures.

Esempi: **Il cielo è coperto. Grạndina.**

a Il cielo è _____ . **b** Il mare è _____ . **c** Tira _____ .

d C'è un_____ . e C'è la _____ . f _____ .

Pratica 2

What is the opposite of the following sentences?

a Oggi fa molto caldo.
b Il cielo è coperto.
c Fa cattivo tempo.
d Piove.
e Il tempo è secco.
f La temperatura è bassa.

La spiaggia *The beach*

il mare è calmo agitato/mosso	the sea is calm/rough
ombrellone (m)	beach umbrella
bagnino	lifeguard
il costume da bagno	swimming costume
asciugamano	towel
cabina	bathing hut
pericoloso	dangerous
sto a riva	I stay close to the shore
bandiera rossa	red flag
non lo permette	he/she doesn't allow it
aspetta un momento	wait a moment
occhiali da sole	sunglasses
perché/perché?	because/why?
nuotare *to swim*	**fare il bagno** *to bathe*
abbronzarsi *to tan*	**sdraio** *deck chair*
sabbia *sand*	**palla** *ball*

▶ Dialogo 2

Chiara e Francesca sono alla spiaggia con Valentina mentre Roberto e Sergio sono andati per funghi.

Francesca Valentina, ho dimenticato l'asciugamano in cabina, lo vuoi andare a prendere?

Valentina	Sì, mamma. Dopo posso fare il bagno?
Francesca	No.
Valentina	Perché?
Francesca	Perché il mare è troppo agitato.
Valentina	Ma io sto a riva.
Francesca	È pericoloso, non vedi che c'è la bandiera rossa? Il bagnino non lo permette.
Valentina	Che cosa faccio, allora?
Francesca	Gioca con la sabbia.
Chiara	Facciamo un castello.
Valentina	Il castello l'ho già fatto ieri.
Chiara	Allora giochiamo a palla. Aspetta un momento che metto gli occhiali da sole. Francesca, vuoi giocare anche tu?
Francesca	No, grazie, preferisco prendere il sole.

Pratica 3

Previsioni del tempo. Here is the weather forecast for tomorrow. Will it be risky to take a boat trip along the northern riviera?

Su tutte le regioni condizioni del tempo variabili con tendenza alla scomparsa della nuvolosità durante il pomeriggio. Venti moderati al nord. Mari calmi o poco mossi con possibilità di un aumento del moto ondoso nelle regioni meridionali.

scomparsa	*disappearing*
nuvolosità	*cloudiness/clouds*
aumento del moto ondoso	*increase in wave motion*
meridionali/settentrionali	*southern/northern*

Pratica 4

Match phrases **a–e** to phrases **i–v** to make complete statements.

a Quando il mare è molto agitato…

b Non voglio stare al sole…

c Vorrei abbronzarmi

d Vorrei fare un po' di windsurf…

e Vorrei affittare una sdraio…

i vado sotto l'ombrellone.

ii è pericoloso nuotare.

iii ma non c'è vento.

iv ma non c'è sole.

v e un ombrellone per oggi.

Pratica 5

Read the passage below and answer the questions.

❶ Ferie d'agosto *August holidays*

Durante la prima metà di agosto le fabbriche e gli uffici chiudono e la maggior parte degli italiani va in vacanza. Tra gli ultimi giorni di luglio e i primi giorni di agosto il traffico sulle strade è impossibile e anche pericoloso. Per entrare in autostrada bisogna fare ore di coda ai caselli. Per quindici giorni le grandi città sono deserte e le località di villeggiatura sono estremamente affollate.

Il 15 agosto è la festa dell'Assunta. Questa festa è stata estesa ai giorni che precedono e seguono il giorno 15 e si chiama festa di Ferragosto. Dopo il Ferragosto tutti ritornano al lavoro e sulle strade ritornano gli ingorghi e gli incidenti.

la metà	*half*	**l'Assunta**	*Assumption day*
la fabbrica	*factory*	**seguire**	*to follow*
ultimo	*last*	**l'ingorgo**	*traffic jam*
casello	*toll-booth*	**l'incidente**	*accident*
affollato	*crowded*		

a   In quale periodo i posti di villeggiatura sono più affollati?
b   Quando finiscono le vacanze per molti italiani?

Un piccolo test *Mini-test*

Vero o falso? *True or false?*

	Vero	Falso
a Quando il cielo è coperto ci sono molte nuvole.	☐	☐
b Quando fa molto caldo generalmente grandina.	☐	☐
c Quando la temperatura è alta fa molto freddo.	☐	☐
d È preferibile fare il bagno quando il mare è calmo.	☐	☐
e Per nuotare è necessario andare in piscina o al mare.	☐	☐
f La bandiera rossa indica che il mare è calmo.	☐	☐

9

il pieno, per favore

fill it up, please

In this unit you will

- learn some basic motoring phrases, including asking for petrol
- practise some expressions required in an emergency
- revise how to ask for the price of something and how to state quantities – Unit 5
- revise numbers – Units 3, 4 and 5
- revise how to make comparisons – Unit 8

Automobile/auto/macchina *Car*

UE (Unione europea)	*EU (European Union)*
l'autovettura	*car*
noleggiare un'auto(mobile)	*to rent a car*
chilometraggio illimitato	*unlimited mileage*
il distributore di benzina	*petrol station*
benzina senza piombo	*unleaded petrol*
super (senza piombo)	*four-star (unleaded)*
il pieno, per favore	*fill it up, please*
mancare	*to lack/be short of*
gasolio	*diesel fuel*
ho un guasto alla macchina	*my car has broken down*
cambiare una gomma	*to change a tyre*
ho una gomma a terra	*I have a flat tyre*
batteria	*battery*
il radiatore	*radiator*
può controllare...	*can you check...*
l'acqua/l'olio/le candele	*the water/the oil/the plugs*
pulire il parabrezza	*to clean the windscreen*
posteggiare/parcheggiare	*to park*
divieto/vietato	*forbidden/prohibited*
zona di rimozione forzata	*tow-away zone*
la rete	*network*
la galleria	*tunnel*
il casello/il pedaggio	*toll booth/ toll*
la lunghezza	*length*
il viaggio	*journey, trip*
la cilindrata	*engine capacity*
collegare	*to link*
evitare (evitando)	*to avoid (avoiding)*
la patente	*driving licence*
il sottopassaggio	*subway, underpassage*

Emergenza *Emergency*

aiuto!	*help!*
permesso!	*let me through!*
presto!	*hurry!/quick!*
attenzione!	*look out!*
guardi!/ascolti!	*look!/listen!*
chiami...	*call...*
un' ambulanza/la polizia	*an ambulance/the police*
il vigili del fuoco/i pompieri	*the firemen*
pronto soccorso	*casualty department/first aid*

In caso di emergenza telefonare al 113. Vigili del fuoco 115. Ambulanza 118. Carabinieri 112.

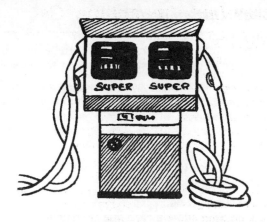

Listen to, or read aloud, the passage below, then answer the questions. Some new words are similar to their English equivalents.

▶ⓘ Autostrade e superstrade *Motorways*

La rete autostradale in Italia è lunga più di 5.000 chilometri. La natura del terreno, per la maggior parte montagnoso, richiede la costruzione di molti ponti e gallerie con il conseguente investimento di molti capitali. Prima di entrare in autostrada bisogna fermarsi al casello e ritirare il biglietto. All'uscita bisogna pagare il pedaggio. Il costo del pedaggio dipende dalla lunghezza del percorso (*length of the journey*) e dalla cilindrata dell'automobile. In alcune autostrade si può pagare con la carta di credito. Nella maggior parte delle autostrade, si può pagare il pedaggio con VIACARD, una carta magnetica che si compra ai caselli, nelle aree di servizio ed in certe banche ed uffici turistici. Si può anche usare il **Telepass**: un sistema telematico che consente di pagare il pedaggio senza fermarsi al casello. Questo consiste in un piccolo apparato applicato all'interno dell'auto che dialoga direttamente con le porte di entrata e di uscita. È necessario, dunque (*therefore*), fare attenzione (*pay attention*) e immettersi nella corsia giusta (*enter the right lane*): se si paga in contanti, per esempio, si entra dove c'è scritto **biglietti** e all'uscita bisogna passare dalla 'porta' dove c'è l'esattore (=la persona che prende i soldi). Una legge recente obbliga tutti i veicoli in autostrada a tenere i fari (*the lights*) accesi anche durante il giorno. La velocità massima in autostrada è di 130 chilometri.

Le superstrade sono strade simili alle autostrade che collegano le città tra loro, evitando i centri abitati. Nelle superstrade non si paga il pedaggio.

▶ Ha capito? *Understood?*

1 Il pedaggio si paga all'entrata o all'uscita?
2 Si può pagare con la carta di credito in tutte le autostrade?
3 Prima di entrare in una superstrada bisogna fermarsi?

Now that you have an idea of how motorists use the Italian motorways, try and imagine how you might describe how British roads are organised.

▶ Dialogo 1

Roberto e un suo collega (*colleague*) vanno a Roma in auto per lavoro. Durante il viaggio …

Roberto	Devo fare benzina.
Collega	C'è un distributore a circa due chilometri.
	(*The car stops at the petrol station.*)
Roberto	Il pieno. Può controllare l'acqua e l'olio, per favore?
Benzinaio	L'olio va bene. Manca un po' d'acqua.
	(*He tops up the water.*)
Roberto	Grazie. Quant'è?
Benzinaio	Cinquanta euro per la benzina.
Robert	E per l'acqua?
Benzinaio	Per l'acqua niente. Aspetti un momento che pulisco il parabrezza.
Roberto	Grazie. Buongiorno.

Pratica 1

You stop at a petrol station.

You	*Say fill it up, please.*
Benzinaio	Super o gasolio?
You	*You want super.*
Benzinaio	(*Seeing that you've come a long way.*) Vuole un controllo all'acqua nel radiatore?
You	*Say no thanks, the water is OK; can he check the oil?*
Benzinaio	(*He checks the oil.*) L'olio va bene.
You	*Ask him if he can clean the windscreen.*
Benzinaio	Certamente. Ecco.
You	*How much is it?*

Pratica 2

You want to rent a car and you go to an **autonoleggi**.

You	*Say that you would like to rent a car.*
Impiegato	Che tipo di auto desidera?
You	*You want a small car.*
Impiegato	Una Seicento va bene?
You	*Say yes a Seicento is OK and ask him if it has unlimited mileage.*
Impiegato	Sì. Chilometraggio illimitato.
You	*Ask him how much it costs per day.*
Impiegato	Trentaquattro euro al giorno.
You	*Ask him if the petrol is included.*
Impiegato	No. La benzina non è mai inclusa.

Pratica 3

Avvisi e cartelli *Notices and signs*

a i Can you park a truck in this car park?
   ii Is there a car park attendant?
   iii Can you park on Wednesdays?
   iv How long could you stay for one euro?

a

SOLO AUTOVETTURE

P

A PAGAMENTO

SENZA CUSTODIA
8–20
ESCLUSO MERCOLEDÍ
TARIFFA
€1 ALL'ORA

RITIRARE LO SCONTRINO
DALLA
BOLLETTATRICE
→

b i What is likely to happen if you stop your caravan here?
   ii Will cars receive the same treatment?

b

veicoli da campeggio
autocarri - roulottes
campers - etc.

rimozione forzata

SOSTA CONSENTITA
AUTOVETTURE
NEI LIMITI SEGNATI

c i What does this railway sign mean?
   ii What alternative is provided?

c

**è vietato
attraversare
i binari**

sottopassaggio
← ←

Dialogo 2

Un signore anziano è svenuto sul marciapiede in una via di Firenze. Un gruppo di persone si forma.

Passante   (*to another passer-by*) Guardi! Quel signore è svenuto! Bisogna chiamare un dottore.

Dottore   Permesso! Io sono dottore. È meglio chiamare un'ambulanza.

Passante   Presto! Chiamate un ambulanza.
(*an ambulance arrives*)

Dottore   Portatelo al pronto soccorso.

svenire	*to faint*	**portatelo**	*take him*
il marciapiede (m)	*pavement*	**formarsi**	*to form*

Pratica 4

a Someone calls for help: what does he/she say?
   i presto!   ii guardi!   iii aiuto!

b Someone is about to step on a banana skin: what do you say?
   i ascolti!   ii guardi!   iii attenzione!

c You run for the bus but your Italian friend lags behind:
   i permesso!   ii aiuto!   iii presto!

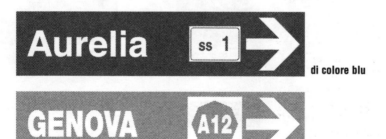

di colore blu

di colore verde

Pratica 5

Read the following passage.

ⓘ Guidare in Italia *Driving in Italy*

In Italia si guida sulla destra ed è obbligatorio tenere in auto il triangolo (*warning triangle*) da usare in caso di guasto. Se si ha un guasto alla macchina si deve telefonare al numero 116, dire dove si è e dare il numero di targa dell'auto.

In Val d'Aosta è anche necessario avere le catene (*snow chains*) se si viaggia dalla metà di ottobre alla fine di aprile. Nei centri abitati la velocità massima è di 50 chilometri all'ora. I segnali stradali che indicano le autostrade sono verdi e il numero dell'autostrada è preceduto da A (per autostrada), per esempio l'A1 è l'autostrada Milano-Napoli; i segnali indicanti le strade statali (*A roads*) sono blu e il numero della strada è preceduto da SS (Strada Statale). La velocità massima nelle strade statali è di 90 chilometri all'ora.

guidare	*to drive*
numero di targa	*registration number*
automobilista	*motorist, driver*

Vero o falso? *True or false?*

	Vero	Falso
a In Italia è obbligatorio tenere il triangolo in garage.	☐	☐
b È necessario avere le catene in estate.	☐	☐
c La velocità massima in città è di 50 chilometri all'ora.	☐	☐
d La Viacard è obbligatoria.	☐	☐

Un piccolo test *Mini-test*

Can you say...

1 Fill it up, please.
2 Can you check the oil?
3 Can you change the tyre?
4 Quick, call the fire brigade!
5 I'd like to rent a car.
6 10 euros of petrol.
7 30 litres of diesel.
8 I have a flat tyre.

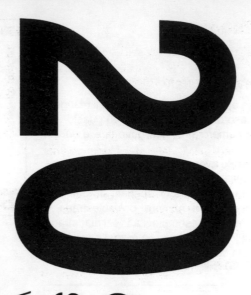

20 che cosa scrivo?

what shall I write?

In this unit you will
- learn how to write a letter to book a room at a hotel
- make a telephone call to your hotel to confirm your booking
- practise writing a short note
- practise filling in a form
- revise how to say who you are – Unit 2
- revise how to ask for something and ask the price – Unit 5
- revise how to say what has happened – Unit 10

Test your understanding

You may be able to get the gist of this passage without referring to the vocabulary at the end of the book. If you do, congratulations: you really are a proficient student!

▶ ℹ La lingua ufficiale *Official language*

L'Italia è un paese burocratico e la lingua ufficiale riflette questa caratteristica. Gli avvisi pubblici negli uffici, nelle stazioni ferroviarie, nelle scuole, nelle università e in molti altri luoghi pubblici, sono scritti in una lingua burocratico-amministrativa tipicamente italiana. È una lingua impersonale e distante che si rivolge ad un cittadino anonimo. Per esempio: **NON CALPESTARE L'ERBA** (*keep off the grass*); **VIETATO FUMARE** (*no smoking*).

rivolgersi a	*to address someone*	**calpestare**	*to trample*
cittadino	*citizen*	**vietato**	*forbidden*

▶ Ha capito? *Understood?*

Vero o falso? *True or false?*

		Vero	Falso
a	Gli avvisi pubblici sono scritti in due lingue.	☐	☐
b	La lingua ufficiale italiana è una lingua fredda.	☐	☐
c	I cittadini non possono fumare.	☐	☐

Una lettera per prenotare una camera
A letter to book a room

scrivere, scritto	*to write, written*
leggere	*to read*
data	*date*
Direzione	*director's office*
vi prego di comunicarmi	*please let me know*
prezzo giornaliero	*price per day*
in attesa di una Vostra risposta	*awaiting your reply*
porgo/porgiamo	*I express/we express*
distinti saluti	*yours faithfully/truly*
alleghiamo	*we enclose*

Lettera per prenotare una camera *Letter to book a room*

> 34 Castle Drive
> Brighton
> England
> BN1 0AA
> 15 luglio 2003
>
> Spett.le Direzione Albergo Casmona.
>
> Desidero prenotare una camera matrimoniale con bagno e una camera a un letto con doccia per cinque notti dal 3 al 7 settembre.
>
> Vi prego di comunicarmi il prezzo giornaliero per persona, pensione completa, e anche se offrite riduzioni per bambini.
>
> In attesa di una Vostra risposta porgo distinti saluti.
>
> R.S. Bentley

Grammar

Written Italian, particularly business correspondence, can be quite formal and often expressions will not have an exact equivalent in English or, if they do, it may sound quite obsolete. This is the case with **Spettabile** (used when addressing a firm in a letter and always abbreviated to **Spett.le**) which literally means *respectable*. When addressing a specific person in the firm you would use **Egregio Signore** *Dear Sir*, **Egregio Direttore** (to a manager or director) or **Gentile Signora** *Dear Madam*.

When writing to a hotel or a firm you address them in the plural form: **Voi** (*you*) and you use **Vostro/Vostra**, written with the capital letter, for *your*. This is shortened to **Vs/**.

HOTEL RISTORANTE
CASMONA
DIREZIONE PEPPINO TREBIANI

16032 CAMOGLI – PASSEGGIATA A MARE – VIA GARIBALDI, 103 – TELEF. 0185-770015 – 770016

Egregio signor Bentley,

Confermiamo la prenotazione per una camera matrimoniale con bagno e una camera singola con doccia dal 3/9/03 al 7/9/03.

Alleghiamo il dépliant con i nostri prezzi.

Ringraziando per la preferenza accordàtaci porgiamo distinti saluti.

---

dépliant	*leaflet*
ringraziando per la preferenza accordàtaci	*thanking you for your custom*

Pratica 1

Write a letter in Italian to the hotel whose address is given above. You wish to book a room with twin beds and bathroom for seven nights from 15 to 21 April. Ask for the price per day per person, half board, and also if they give reductions for children. Remember to close the letter in the Italian way.

Una telefonata *A telephone call*

pronto	*hello*
chi parla?	*who is speaking?*
ho sbagliato numero	*I dialled the wrong number*
dire	*to say/to tell*
purtroppo	*unfortunately*
esattamente	*exactly*
immaginare	*to imagine*
a dopodomani	*see you the day after tomorrow*
per avermi informato	*for having informed me*

| Posso/Vuole lasciare un messaggio? | May I/Do you wish to leave a message? |
| Mi dispiace, in questo momento non c'è | I am sorry s/he is not here at the moment |

▶ Dialogo 1

Mrs Bentley deve telefonare all'albergo e dire che lei ed il marito arrivano con un giorno di ritardo.

Impiegata	Pronto. Albergo Casmona.
Mrs Bentley	Pronto. Buongiorno, sono la signora Bentley. Abbiamo una prenotazione nel vostro albergo per domani ma purtroppo domani non possiamo venire. Telefono per dire che arriviamo dopodomani.
Impiegata	Va bene signora Bentley. A che ora arrivano?
Mrs Bentley	Non so esattamente ma immagino verso le tre del pomeriggio.
Impiegata	Grazie per avermi informato, signora. A dopodomani.
Mrs Bentley	Grazie a Lei. A dopodomani.

▶ Pratica 2

You are Mr Bentley and decide to call the Casmona Hotel to confirm your arrival (**il mio arrivo**) for tomorrow.

You	*Hello.*
Impiegata	Pronto. Albergo Casmona. Chi parla?
You	*You are Mr Bentley, you have a booking at their hotel for tomorrow.*
Impiegata	Prego?
You	*Say your name again and that you have two rooms booked for tomorrow.*
Impiegata	Il signor Ben…?
You	*Spell: B-e-n-t-l-e-y. Bentley!*
Impiegata	Ah, il signor Bentleeeey!
You	*Yes, you (will) arrive tomorrow evening.*
Impiegata	Benissimo, signor Bentley. Grazie e arrivederla.
You	*Thank her and bid her good evening.*

Un modulo da compilare
A form to fill in

Se desidera frequentare un corso di lingua italiana in Italia deve compilare un formulario d'iscrizione.

Pratica 3

a See if you can fill in this form with your details and requirements.

b This **Regolamento** may appear rather daunting but if you study it carefully you may well be able to answer the questions below. First look at each question before 'scanning' for the answer.

FORMULARIO D'ISCRIZIONE ———

NOME E COGNOME
_____

_____ M☐   F☐
DATA DI NASCITA   NAZIONALITÀ
INDIRIZZO DI CASA
_____
                                         TELEFONO
PROFESSIONE
INDIRIZZO DI LAVORO
_____
                                         TELEFONO

TIPO DI CORSO   CODICE
PER IL PERIODO DAL   AL

DESIDERO UN ALLOGGIO   SI ☐   NO☐
CAMERA SINGOLA ☐   CAMERA DOPPIA ☐
FUMATORE ☐   NON FUMATORE ☐
ALLERGICO/A

HO SAPUTO DI ITALIA IDEA DA
CONOSCO LA GRAMMATICA ITALIANA A LIVELLO:
ELEMENTARE ☐   INTERMEDIO ☐   AVANZATO ☐
PARLO ITALIANO A LIVELLO:
ELEMENTARE ☐   INTERMEDIO ☐   AVANZATO ☐

■ ITALIAIDEA REGOLAMENTO
1) La durata minima dei corsi di gruppo è di 2 settimane.
2) Il pagamento deve essere effettuato interamente entro la prima settimana del corso.
3) In caso di ritardo, discontinuità o interruzione della frequenza alle lezioni non vengono effettuati né riduzioni né rimborsi.
4) Il rimborso degli anticipi per il pagamento del corso e/o alloggio viene effettuato soltanto se la disdetta della prenotazione perviene ad ITALIAIDEA entro 4 settimane dall'inizio del corso.
5) La scuola resterà chiusa nei giorni di festa nazionale, civile e religiosa.
6) La scuola si riserva il diritto di cancellare un corso di gruppo se non si raggiunge il numero minimo di partecipanti.

DATA

FIRMA

---

i   È possibile frequentare il corso per una settimana?
ii È possibile pagare alla fine del corso?
iii Se lo studente arriva in ritardo può avere un rimborso?
iv È possibile frequentare il corso nei giorni di festa nazionale?

imparare	to learn
iscriversi	to enrol
frequentare	to attend
corso di lingua italiana	course of Italian language
rimborso	refund
regolamento	rule/regulations

Una cartolina dall'Italia *A postcard from Italy*

ISOLA D'ELBA
PORTO AZZURRO (LI)
Panorama

24.7.03

Cari Paul e Anne,

Come va? Siamo qui per un congresso.

Le vacanze sono finite!

Quando venite in Italia?

Affettuosi saluti.

Chiara e Roberto

Paul & Anne Dean

10 Firle Close

London W1R 8AY

Inghilterra

Una promemoria *A memo/note*

lasciare	to leave
ricordare	to remember, to remind
dimenticare	to forget

Manuela telefona alla sua amica Chiara ma lei non c'è. Roberto risponde e lascia una nota per Chiara.

Manuela ha telefonato. Vuole sapere se ricordi il nome della signora Ruffo. Io adesso devo uscire. Torno alle sei e mezzo. P.S. Ho dimenticato di comprare i fiori per la mamma. Li puoi comprare tu?

Pratica 4

Imagine you are Chiara and you pop home for a moment during lunch-time. You see the note Robert left. Write one for him saying that you will buy the flowers and you will be back at 7.00. (Seven words!). Remember you can use the present tense.

Un piccolo test *Mini-test*

How would you say:

1 I must write a letter.
2 Hello, who is speaking?
3 I dialled the wrong number.
4 I don't remember.
5 I forgot.
6 I wish to learn the language.
7 I want a refund.

Test 1: Units 1–10

This test covers the main vocabulary and expressions, language skills and grammar points in the first ten units. You can check your answers on page 204.

1 While sitting in the local café you start talking to an Italian lady. Say each sentence out loud in Italian, then write it down. [The points are indicated next to each question in square brackets.]

a Say your name, your nationality and where you come from. [3]
b Tell her you are pleased to meet her. [1]
c Ask her to speak more slowly, please. [1]
d Ask her if she speaks English. [1]
e Tell her that you speak English, German and Italian. You are a teacher and you are married. [3]
f Ask her where the bank is and if there is a supermarket nearby [2]
g Ask her how much a kilo of bread costs. [1]

Punti: _____/12

2 Can you remember which article (**il, lo, la,** etc.) goes before these nouns [1 point each]?

a _____ posta
b _____ treno
c _____ vestito
d _____ cereale
e _____ conversazione
f _____ regione
g _____ aereo
h _____ arancia
i _____ zero
j _____ spaghetti

Punti: _____/10

3 Do you know the English equivalent of the following [2 points each]?

a Deve pagare alla cassa.   d Non capisco il francese.
b Devo andare in banca.   e Sono straniero.
c Preferisco andare a teatro.   f S'accomodi.

Punti: _____/12

4 Can you remember which ending goes on these verbs [1 point each]?

a (io) abit __ a Roma   d Il treno part __ alle nove.
b (noi) parl __ portoghese   e Le mele cost __ 2 euro.
c (loro) ved __ il panorama   f Il vino cost __ 4 euro.

Punti: _____/6

5 You can gain six more points if you spell these numbers correctly [1point each]:

a 2.350   b 1.290   c 546   d 1.742.000   e 2,5   f 37th

Punti: _____/6

6 Complete these sentences choosing the correct line from the second column [1point each].

a Questo film   1 di meno.
b Devo comprare una medicina ma   2 finisce lo spettacolo?
c A che ora   3 la farmacia è chiusa.
d Il treno   4 è in ritardo.
e Voglio spendere   5 alle otto.
f Non c'è niente   6 è abbastanza interessante.

g Faccio colazione   7 buone di quelle.
h Non c'è mai   8 non vado in ufficio.
i Queste banane sono meno   9 nessuno.
j La domenica   10 di interessante.

Punti: _____/10

7 Ask out loud, then write, the questions for the following answers [2 points each].

a Mi alzo quando mi sveglio.
b Il contrario di sporco è pulito.
c La mia automobile è blu.
d Sono sei euro e cinquanta.
e Parto alle otto.
f Oggi voglio stare a casa.
g Sì, mi piace.

h È un limone.
i No, non mi piącciono.
j Arriva al binario 9.

Punti: _____/20

8 Fill the spaces choosing the correct word(s) from the box below [1 point each].

a Devo partire il _____ .
b La _____ si cambia in banca.
c L'ạutobus _____ in ritardo.
d Ci vediamo alle _____ .
e Non ho mangiato _____ .
f So che Ạngela _____ .

è arrivato	dieci e mezzo	è partita
niente	primo luglio	valuta

Punti: _____/6

9 Give the corresponding Italian for the following sentences [2 points each].

a It is the first time that (**che**) I finish work early.
b The lift never works.
c They want to go home in (**a**) July.
d We know that you (**voi**) cannot stay.
e You (**tu**) can go the day after tomorrow.
f Do you (**Lei**) know the second wife of my grandfather?

Punti: _____/12

10 One point for each question answered correctly in Italian.

a Give the past participle of **aprire, perdere, fare, stare.**
b Give the opposite of **sempre.**
Translate:
c That shop/that car/those students.
d On arrival/on platform/on the table.
e We speak English well but you (**tu**) speak better .
f I see him every day.

Punti: _____/6

Test 2: Units 11–20

This test covers the main vocabulary and expressions, language skills and grammar points from Unit 11 to the end of the book. You can check your answers on pages 204–5.

1 Make a shopping list in Italian of ten food items that you have learnt in this book. Then check using the list on page 96 [half a point each].

Punti: _____/5

2 Do the same as in exercise 1, this time making a list of clothes. Check your answer on page 101.

Punti: _____/5

3 You are in an Italian town carrying out various errands, meeting people, etc. Say/Ask in Italian the following [1 point each]:

a I wish to change dollars into euros.
b What is the rate of exchange today?
c My address in Italy is…
d I wish to cash a cheque.
e Excuse me, where is the bus stop?
f I must take the water-bus. Do you know where it arrives?
g Can you suggest a peaceful hotel, not too expensive?
h I have lost my identity card.
i Can you give me a toasted sandwich and a freshly squeezed orange juice?
j Can I sit upstairs?
k I prefer to come to town early in the morning
l How many times a day must I take these drops?

Punti _____/12

4 After lunch you sit in the public gardens waiting for the shop to re-open. A child – Marco – asks you all sorts of questions. Note that he uses the **tu** form since he doesn't know the difference between **tu** and **Lei**, yet. Try to answer him. [Points indicated in square brackets throughout the dialogue.]

Marco		Ti piace giocare a calcio?
You	a	*No, I play tennis* [1]. *Do you know what time the shops open?*[2]
Marco		Aprono alle tre e mezzo. Perché?
You	b	*Because I want to buy a pair of shoes.* [2]

Marco		Che numero hai?
You	c	*Forty* [1]. *Do you know if there is a public telephone near here?* [2]
Marco		Sì, ce n'è uno dietro la chiesa. Perché?
You	d	*I need to make a telephone call.* [2]
Marco		E dopo dove vai?
You	e	*I return to the hotel.* [2]
Marco		E' lontano?
You	f	*It's five minutes from here.* [1]
Marco		L'autobus ferma vicino all'albergo?
You	g	*No, I have to go straight on, then turn left and walk for two minutes.* [2]
Marco		Sei venuto qui in autobus?
You	h	*No, on foot.* [1]

Punti: _____ /16

5 Use the clues to complete the grid [1 point each].

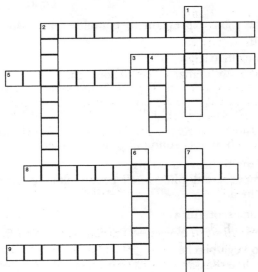

ORIZZONTALI
2 Reservation
3 Sinonimo di errore
5 Documento necessario per guidare (*to drive*) la macchina
8 Camera con un letto per due persone
9 L'acqua che si può bere

VERTICALI
1 Camera con un letto per una persona
2 Reception
4 Si usa per lavarsi
6 Il nome di famiglia
7 Porta le valige in camera

Punti: _____ /10

6 a Put the courses below into the correct order [1 point].
Frutta e dolce / Contorni / Antipasti / Secondi piatti / Primi
piatti / Formaggi.
b Can you remember at least one dish for each course from the
menu you have learnt? Write it down [1 point].

Punti: _____/2

7 Vero o falso [1 point each]?

a Il nonno è il padre di mia nuora.
b Gli zii sono i nonni dei miei cugini.
c La moglie di mio fratello è mia cognata.
d Quando la temperatura è alta, fa caldo.
e Se ho fame desidero bere.
f Quando sono in ferie non vado in ufficio.
g Che freddo! Vorrei un gelato.
h L'elefante e la giraffa sono animali domestici.

Punti: _____/8

8 Choose the right expression to complete each sentence [1
point each].

1 D'inverno vado a sciare
a in campagna   **b** al mare   **c** in montagna

2 Non mi sento bene:
a vado in palestra   **b** parla più forte   **c** vado a letto

3 Il teatro è tutto esaurito
a entro gratis   **b** non ci sono più posti   **c** si entra facilmente

4 Non sono molto brava a tennis
a mi devo impegnare di più   **b** c'è poca scelta   **c** devo
giocare di meno

5 Ho preso una scottatura
a vado al mare   **b** devo andare dal dottore   **c** adesso ho la tosse

6 Non faccio yoga perché
a è brutale   **b** è rilassante   **c** non mi piace

Punti: _____/6

9 Fill the spaces choosing the right word or expression from the
box [1 point each].

traffico	occhiali	nebbia	temporale	rifugio	caldo
	afose	nuvoloso	pericoloso	ingorghi	

Non si vede a due metri di distanza: c'è a _____ .

Piove, tira vento, lampeggia e tuona: c'è un **b** _____ .

In estate, specialmente a luglio e agosto, fa molto
c _____ e le giornate spesso sono d _____ .

Il sole è andato via. Adesso è e _____ .

Comincia a nevicare, grazie al cielo siamo vicini al
f _____ .

C'è molto sole, devo mettere gli **g** _____ da sole.

Il mare è molto mosso: è **h** _____ fare il bagno.

Il sabato e la domenica c'è molto **i** _____ nelle strade
e ci sono j _____ dappertutto (*everywhere*).

Punti: _____/10

10 Letter-writing. Play the part of both the boss and his/her secretary. As the boss you say each sentence out loud, as the secretary you write it down. The firm to address is called Sorini, the date is 30th April 2003. [The points are indicated in square brackets throughout the letter.]

- Address the firm and give the date [1]
- We are sorry to inform you (**di informarVi**) that [1] we cannot deliver the car that you have ordered [1] before the end of July [1]. Also, unfortunately we cannot offer you [1] a further (**un'ulteriore**) reduction on the price [1].
- Please let us know if you are still interested in the purchase of the car [1].
- Thanking you for your custom (+ greetings) [1].

Punti:_____/8

11 After reading the passage below say which of the statements that follow it are correct. You will find a few words which are new to you but, like a very large number of Italian words, they are similar to their English equivalent [2 points for each statement].

In Italia, come nel resto del mondo, gli usi e i costumi, le abitudini, le leggi cambiano costantemente. Questi cambiamenti naturalmente includono anche il mondo dell'automobile; per esempio, adesso la benzina **normale** (*two stars*) non esiste più. C'è soltanto la **super** che oggi è senza piombo. Presto il gasolio sarà (*will be*) soltanto senza zolfo (*sulphur*). Adesso in autostrada è obbligatorio tenere i fari accesi (*headlights on*) anche durante il giorno e il pedaggio si può pagare in vari modi che includono la carta di credito, Viapass e Telepass.

Anche la lingua si evolve continuamente: per esempio, **il centralino** oggi si tende a chiamarlo **l'operatore**; **lo spazzino** (*road sweeper*) **l'operatore ecologico**; **la domestica** oggi si chiama **la colf** (= **collaboratrice familiare**), eccetera.

Nella lingua italiana di ogni giorno si usano moltissimi vocaboli inglesi: si dice **l'hotel** per **l'albergo**; **la portineria** oggi si chiama **la reception**; **l'accettazione** (all'aeroporto) adesso si chiama **il check in**, **l'audience** sta per **l'indice di ascolto**, e molti altri ancora.

Ci sono anche vocaboli inglesi usati in italiano con un significato differente da quello inglese, per esempio: **il golf** in italiano non è soltanto uno sport ma anche una **maglia**; **il ticket** è una somma di denaro che si paga per integrare il costo delle medicine (il resto lo paga l'ASL – Azienda Sanitaria Locale *Local Health Authority*). **Lo spot** televisivo è un **messaggio pubblicitario**. **Il mobbing** sono molestie (*harrassment*) perpetrate, per esempio, nei posti di lavoro.

È possibile che un giorno in tutti i paesi europei si parlerà inglese. Nel frattempo (*meanwhile*), buona fortuna con l'apprendimento (*the learning*) della nostra bella lingua!

a Usi e costumi si evolvono costantemente.
b La benzina normale e la super sono senza piombo.
c È obbligatorio tenere i fari accesi in tutte le strade.
d Il pedaggio in autostrada non si può pagare in contanti.
e La collaboratrice familiare fa i lavori nelle famiglie.
f In Italia i vocaboli inglesi sono usati soltanto da persone che parlano un inglese perfetto.
g In Italiano lo spot è pubblicità televisiva.
h Golf significa soltanto maglia in italiano.
i Il mobbing è un tormento per la vittima.

Punti: _____/18

taking it further

Internet

If you have access to the internet you can find an enormous number of interesting sites relating to Italy and the learning of Italian at all levels: free tests, exercises, grammar sections, forums and chat rooms. Here are just a few:

The Italian Electronic Classroom: www.locuta.com
ILUSS (Italian language on line): www.iluss.it
Materiali didattici per l'insegnamento dell'italiano
    (MATDID): http://web.tiscali.it/scudit/mdindice.htm
Italica: www.italica.rai.it
Italian irregular verbs: http://turtiainen.dna.fi/cgi-blu/it/irreg.pl

Dictionaries on line

Italian–English dictionaries (www.traduzioni-inglesi.it/dictionary-glossary) links you to dictionaries for Italian–English translation.

Once you have acquired the basics of a foreign language, through a good deal of patience and determination, it would be a pity not to maintain or improve it and to gradually further your knowledge of Italy and the Italians. At this stage, the amount of effort required to improve your skill should decrease rapidly while the practical benefits and the satisfaction of being able to use this new tool should increase greatly. Vocabulary, idiomatic expressions, familiarity with verb forms and other rules are assimilated, very often even without you being aware of it, for example through listening to the language or reading. Below are some suggestions on what is available.

Reading

Books and magazines

- 'Easy readers' books, such as those published by European Schoolbooks, which are the simplified versions of classic Italian novels and short stories.
- Dual language publications, such as 'Penguin parallel texts', are Italian classical novels and short stories with the English text printed on the opposite page.
- A visit to Italian bookshops (see the **Videos** section for some addresses in London) should give you more information on what is available at your level.
- General interest magazines such as *Oggi, Gente, Donna moderna, Gioia, L'Espresso, L'Europeo,* as well as all the specialized magazines available nowadays (for various hobbies, computing, travelling, etc.).
- Newspapers such as *La Stampa, Il Corriere della sera, La Repubblica.*

Educational books

Quick Fix Italian Grammar published by Hodder & Stoughton is a small book with a large number of explanations and exercises which you can also use for reference.

Listening

Satellite TV

Listening to the language is just as important as reading. If you have satellite TV you will find many channels to choose from. RAI, the Italian State television network, as well as several commercial channels transmit free of charge throughout the world. Initially you may find it difficult to understand everything **but**, since the nature of the programmes differs greatly from channel to channel, you can always find something where the language is spoken more clearly and – if not slowly – not too fast. RAI Educational transmits interesting school programmes including language classes for beginners. You can get plenty of information online on the RAI International Home page (www.international.rai.it).

In general I suggest that you record a few minutes of a programme (film, play, sport, news or anything else you may like), then listen to it as many times as you need to get the gist of what is being said or at least to be able to separate one word from the other! After a while you will begin to understand more and more.

Radio

It is possible to receive a number of Italian-speaking stations on medium wave at night in the UK. If you have satellite TV (such as Hotbird2) the *radio* button will provide a good selection.

Videos

There are many Italian films available with English subtitles. In London you can find them in bookshops such as the Italian section of Grant and Cutler (55–57 Great Malborough Street, London W1F 7AY) and at The Italian Bookshop (7 Cecil Court, London WC2N 4EZ).

Organizations

There are Italian Cultural Institutes in large cities all over the world which, as well as giving you information about Italy and the Italian language, organize interesting cultural events: talks by eminent Italian speakers, Italian films, exibitions, celebrations and more. The Italian Cultural Institute in London is at 39 Belgrave Square, London SW1X 8NX.

For any aspect of Italian travel, The Italian State Tourist office (ENIT) provides you with information, brochures and posters. In London the address is: 1 Princess Street, London W1B 2AY. The address in Italy is: Via Marghera, 2–6, 00185 Roma. The website for both is: www.enit.it.

Congratulations!

You have completed *Teach Yourself Beginner's Italian* and are now a competent speaker of basic Italian. You should be able to handle most everyday situations on a visit to Italy and to communicate with Italian people sufficiently to make friends. Should you wish to comment on any aspect of this book, you can contact the author c/o Hodder & Stoughton Educational, 338 Euston Road, London NW1 3BH.

Unit 1

Practice

1 a buonasera signorina b buongiorno signora c buonanotte signore
2 buonanotte 3 no, grazie 4 scusi; prego; prego?; parli più
lentamente; parla inglese? 5 a mi dispiace b buonasera c prego
d bene grazie e per favore f E Lei?

Mini-test

1 scusi 2 buonasera 3 prego 4 prego? 5 mi dispiace 6 bene,
grazie. E Lei? 7 parla inglese? 8 parli più lentamente (per favore)!

Unit 2

Activity

1 Come sta? 2 Non c'è male 3 Buonasera signora! 4 Parli più
lentamente! 5 Mi dispiace! 6 Prego? 7 Buonanotte! 8 Parla
italiano?

Practice

1 a questo b questa c questa d questo e questa f questa 2 Mi chiamo
(*your name*) E Lei, come si chiama? 3 Sì, parlo inglese e italiano
4 a James non parla italiano b Non sono Francesca c Non parlo
francese d Valentina non parla tedesco e Questo non è il signor Lupi
f Non sta bene? 5 a la b la c la d il e il f il g la h il i la 6 a una b
un c un d una e un f un g un h una i un 7 tedesco canadese
portoghese inglese svizzera gallese austriaca irlandese scozzese
americana spagnolo francese

Mini-test

Chi è?; Buongiorno signor Gucci, come sta?; Non c'è male, grazie. Si accomodi; questo è mio marito/questa è mia moglie; Piacere.

Unit 3

Activity

Chi è?; S'accomodi; Grazie; Questo è suo marito?; Si, questo è Sergio; Piacere; Piacere, s'accomodino; Parla inglese?; Si, parlo inglese ma non troppo bene. Preferisco parlare italiano.

Dialogues

3 Francesca is married with a six year old daughter   4 Sergio lives in Genoa at 15 Roma Street in the town centre near Garibaldi Square.

Practice

1 a la b la c il d il e il f il g non capisco   2 a in b a c in d a e in f a
3 a È italiano? b Di dov'è? c Io sono (your name) e Lei, come si chiama?
4 a cameriere b medico c segretaria d portiere e studente f infermiera

Mini-test

1 è sposato?   2 ha figli?   3 quanti figli ha?   4 che lavoro fa?   5 è italiano?   6 dove abita?

Unit 4

Activity

1 mi chiamo …; sono …; abito a …; in via …; il mio numero di telefono è …; ho … anni; sono/non sono sposato/sposata; ho un figlio/una figlia; si chiama …; ha … anni or ho … figli/figlie; si chiamano … e …; hanno … e … anni   2 non capisco

Practice

1 Questa birra è fresca! Questa strada è lunga! Questo biscotto è dolce. Questo caffè è molto caldo! Questo gelato è molto freddo!   2 leggero; alto; anziano; lungo; pieno; piccolo; vecchio   3 il limone è giallo; la banana è gialla; la carne è rossa; l'erba è verde; i limoni sono gialli; le banane sono gialle   4 cinque più sei fa undici; venti più ventuno fa quarantuno; sette meno tre fa quattro; venti meno quindici fa cinque; sette per dieci fa settanta; sei per sette fa quarantadue;

cinquecentocinquanta diviso due fa duecentosettantacinque; mille diviso cinque fa duecento **5 a, b, c,** sì, c'è; **d, e, f** si, ci sono **6 a, b, c,** no, non c'è; **d, e, f** no, non ci sono **7 a, c, d, f, g,** no, non mi piace; **b, e, h** no, non mi piacciono **8 a** Sì, mi piace ma preferisco i biscotti **b** Sì, mi piacciono ma preferisco le mele **c** Sì, mi piace ma preferisco andare a teatro **d** Sì, mi piace ma preferisco il tè **e** Sì, mi piacciono ma preferisco le torte **f** Sì, mi piace ma preferisco la birra **g** Sì, mi piace ma preferisco il pesce **h** Sì, mi piacciono ma preferisco la frutta

Mini-test

1 che cos'è questa? 2 è buono? 3 qual è la sua auto(mobile)? 4 c'è l'acqua? 5 ci sono i limoni? 6 di che colore è il mare? 7 Le piace questo vino?

Unit 5

Activity

1 c'è un telefono qui? 2 dov'è il Caffè Biffi? 3 c'è una banca qui vicino? 4 una birra e un panino 5 c'è una toeletta qui?

Practice

1 **a** alimentari/drogheria **b** fruttivendolo **c** carne *meat* **d** pescheria 2 **a** c'è un supermercato qui vicino?; c'è una banca qui vicino? c'è una farmacia qui vicino?; c'è un ufficio turistico qui vicino?; c'è una libreria qui vicino? **b** devo andare in banca; vado in drogheria; devo andare dal fruttivendolo 3 **a** mezzo chilo di pomodori maturi; cinque banane **b** quanto costa un etto di prosciutto crudo? quanto costa un litro di latte?; quanto costa mezzo litro di vino? **c** quant'è in tutto? 4 Alimentari: un pacco di spaghetti, mezzo chilo di zucchero, acqua minerale, una scatola di tonno, una scatola di pomodori. Panetteria: due fette di torta di mele, un chilo di pane. Ufficio Postale: francobolli. Farmacia: aspirine 6 **a** F **b** F **c** V

Mini-test

1 Desidera altro? 2 Quanto costa? 3 Dove deve andare? 4 È caro? 5 Dove devo pagare?

Unit 6

Dialogues

1 Too early 2 3.30pm 3 Garibaldi Square; yes 4 Sì. No.

Practice

1 a no b Sunday   2 a no b Thursday at 9pm   3 a Scusi, a che ora apre la farmacia? b A che ora comincia lo spettacolo? c A che ora aprono i negozi la mattina?   4 a Domani mattina b Dopodomani sera c Ieri mattina d Oggi pomeriggio e Domani sera   5 a quando b è troppo presto c quando d più tardi e chiusi

Mini-test

1 A che ora chiudono i negozi la sera?   2 C'è una farmacia aperta la domenica?   3 Quando chiudono i negozi di generi alimentari?   4 I bar aprono la domenica?   5 I supermercati chiudono il mercoledì pomeriggio?

Unit 7

Activity

1 È tropo presto, i negozi aprono alle tre e mezzo   2 a che ora chiudono i negozi il sabato pomeriggio?   3 Quando finisce lo spettacolo?   4 Quanto dura il film?   5 Parto fra una settimana

Dialogues

1 No, at 13.15 (quarter past one); no   2 Como; no with her seven-year-old daughter

Practice

1 Domani mattina; andata e ritorno; no, prima; sì, ecco   2 a ferma in tutte le stazioni b va a Losanna c ferma a Parigi   3 a un biglietto di andata e ritorno per Roma b a che binario arriva il treno da Genova? c il biglietto è valido per due mesi d a che ora parte l'InterCity per Firenze? e vorrei sapere l'orario festivo f va direttamente o devo cambiare? g il treno viaggia con alcuni minuti di ritardo   4 il prossimo treno per Roma parte alle dieci e (zero) due; Bisogna cambiare a Padova; La coincidenza è alle undici e arriva a Roma alle diciotto e trenta; No, è un InterCity; Sì, bisogna prenotare il posto; Andata?; Due mesi; Prima o seconda (classe)?   6 a ⃞R b It runs on Saturdays and holidays

Mini-test

1 Il numero 624 delle 14.55   2 È un intercity   3 Non è necessario   4 No: prima e seconda   5 Servizio di trasporto invalidi su sedia a rotelle   6 Andrea Doria.

Unit 8

Activity

Il treno da Milano delle sette e cinquantacinque è in ritardo? Sì, viaggia con venti minuti di ritardo. A che binario arriva? Arriva al binario sette.

Dialogues

2 the large one

Practice

1 a io voglio andare a fare una passeggiata b io preferisco andare al cinema c io voglio andare al mare d io preferisco stare in città e io voglio andare a casa   2 b Bruno preferisce andare al cinema c Giovanni vuole andare al mare d Franco preferisce stare in città e Barbara vuole andare a casa!   3 voglio/posso/preferisco/devo: vedere Maria; guardare la televisione; andare domani/a casa/a Roma; uscire domani; stare a casa/a Roma   4 b ne ho una; c rade/fa la barba; d ne voglio un etto e ne ho ventotto f ne ho due   5 a migliore b peggio c peggiore d di più e (di) meno   6 caro; più caro; meno cari

Mini-test

1 Qual è il migliore?   2 Quale mi consiglia?   3 Non voglio un vino dolce   4 Voglio spendere (di) meno   5 Preferisco questo   6 Ne voglio tre litri

Unit 9

Activity

1 no   2 preferiscono uscire i più possibile   3 in centro   4 parlano dei loro problemi; di sport, di politica e di argomenti di attualità   5 l'aperitivo   6 in montagna o al mare.

Practice

1 A che ora ti svegli la mattina? E a che ora ti alzi? A che ora esci? Esci da sola? Fate colazione insieme?   2 Chi prepara la colazione? Valentina fa colazione con voi? Valentina esce con voi: non è troppo presto per lei?   3 a F b V c F d V e F f F g F   4 a sveglia b alza c rade / fa la barba d veste e colazione f escono   5 a sempre b mai c spesso d qualche; altre e nessuno? f nessuno g niente h qualcuno   6 a c'è nessuno? b non conosco nessuno c va spesso per funghi? d va mai in città?

Mini-test

Si veste sempre male e non si pettina mai. Parla sempre e non ascolta mai. Guarda sempre la televisione e non lavora mai. Si diverte sempre e non studia mai. Sa sempre tutto e non ubbidisce mai.

Unit 10

Activity

1 Ci sono circa 57 milioni di abitanti 2 Ci sono venti regioni 3 Nel 1861 4 Sì 5 No 6 Perché sono state le capitali della loro regione.

Practice

1 a mi sono alzato(-a) presto b ho fatto colazione alle sette e mezzo (or e trenta) c ho letto un giornale italiano d ho chiamato un tassì e sono andato(-a) al museo f sono uscito(-a) dal museo g sono andato(-a) in banca h sono ritornato(-a) all'albergo 2 svegliati; sono alzato; sono andato; ho portato; sono lavato; sono vestito; sono alzata; sono lavata; sono vestita; ho svegliato 3 No, siamo inglesi; Siamo arrivati questa mattina; No, questa è la prima volta; Di dov'è Lei?; Siamo stati a Firenze per una settimana; Sì, là fa troppo caldo così abbiamo deciso di venire qui 4 a specialmente b lentamente c normalmente d possibilmente e direttamente f terribilmente g chiaramente

Mini-test

1 In appartamenti 2 No 3 Gli edifici (or: Quelli) vecchi 4 No 5 Ha aumentato la tassa sulla seconda casa 6 No

Unit 11

Understood?

1 carne; verdura; vino 2 sì 3 l'abbigliamento

Wholegrain cereals

1 in the external part 2 pesticides and chemicals 3 wholemeal cereals grown without pesticides

Practice

1 Che ripeno è? Ne prendo due porzioni; Poi vorrei una (porzione) di pollo arrosto e una porzione di insalata di pesce. L'insalata di pesce è fresca?; La può incartare bene? Quant'è?; Ecco dieci euro 2 Vorrei: a tre etti di prosciutto non troppo grasso b sei lattine di birra c un pezzo di formaggio non troppo piccante d mezza dozzina di uova di giornata

e una lattina di caffè macinato f un pacchetto di piselli surgelati g una scatoletta di (pomodori) pelati h due etti di burro   3 a patate; cipolle; fagioli; fagiolini; zucchini; carote; porri; zucca b un grappolo d'uva nera c i fagiolini sono nostrani? d vorrei mezza zucca e è tutto per oggi f mezzo chilo di panini integrali g questo pesce non è fresco; non lo voglio   4 a F b F c V   5 paio di scarpe; vetrina; trentasette; costano; sconto; camicetta; quarantasei; provare; prendo

Mini-test

a scatoletta b lattina c piccante d scatoletta e bottiglia f dozzina g fresco h pacchetto i sacchetto

Unit 12

Understood?

1 Aeroporti, stazioni nelle grande città e banche   2 Dalle 3 alle 4 3 No   4 Quella da 500 euro   5 Un centesimo

Practice

1 Voglio fare una telefonata; non ho il numero; Roma; qual è il prefisso?; la linea è occupata (or: è occupato); chiamo più tardi 2 telefonata; numero; elenco telefonico; interurbana; prefisso; numero; occupato   3 a mi dispiace ma tocca a me b desidero spedire un espresso in Scozia c ha una busta? d un francobollo per una cartolina, costa quanto un francobollo per una lettera? e quanto costa un francobollo per una cartolina per gli Stati Uniti?   4 Vorrei cambiare duecento dollari USA in euro; Sì, ecco(lo); Vorrei anche cambiare un assegno turistico; Sì, quant'è il cambio oggi?; vorrei banconote di grosso taglio e cinque euro in spiccioli; Grazie, buongiorno   5 a ii and vi; b i and iv; c iii and v   6 a Con una telefonata a carico del destinatario b Uffici turistici, bar, tabaccherie, edicole c Sì d Per inviare fax, e-mail, messaggini. e No f Ci sono più telefonini.   7 a Da mezzanotte alle 8 e dalle 18.30 alle 24.00 b No c Corrisponde a un centesimo di euro   8 a V b F

Mini-test

a dodici francobolli per la Gran Bretagna b qual è il numero di codice per Roma? c il mittente è necessario? d avete/ha un elenco (una guida) telefonico (-a)? e quant'è il cambio oggi?

Unit 13

Understood?

1 No   2 In tabaccheria, in edicola e nei bar   3 Moneta

A ticket

a 60 minuti b 80 centęsimi

Practice

1 fermata; all'altro lato; sinistra; lontano 2 Scusi, dov'è il mercato del pesce? Dov'è piazza Matteotti? È lontano? C'è una libreria in piazza Matteotti? No. Posso andare a piedi? Dov'è la fermata dell'ạutobus? Molte grazie, arrivederla 3 avanti dritto; seconda a sinistra; altro lato della; giardini 4 two; no; no; no 5 Deve attraversare il ponte. Poi prende la prima a sinistra e va avanti dritto. Alla fine della strada vede piazza San Marco 6 a vaporetti b motoscafi c luglio d la fine dell'epidemia nel 1575

Mini-test

a mi sono perso(-a) b di fronte al duomo c deve tornare indietro d prima del porto e dopo il semạforo f dietro la stazione g di fronte alla panetteria h sotto la torre dell'orologio i vicino ai giardini j posso andare a piedi?

Unit 14

Understood?

1 gli alberghi 2 no 3 no 4 no 5 tre

Practice

1 a posizione panorạmica b parco? c ascensore? d autorimessa? e piscina? f posizione tranquilla? g aria condizionata? h telẹfono? i televisore? j riscaldamento centrale? 2 Buongiorno. Cerco un albergo in una posizione tranquilla. Qual è il migliore? Il Pịccolo Parco va bene; può telefonare per vedere se ci sono cạmere libere, per favore? Voglio una cạmera singola con doccia 3 a Per quante notti? b Quanto costa la cạmera? c Va bene la patente? 4 a il conto b hanno fatto c un errore/uno sbaglio 5 a la serratura non funziona b la presa di corrente non funziona c vorrei un'altra coperta d vorrei un'altra gruccia e non c'è acqua calda f il radiatore non funziona g la luce non funziona/non c'è luce h vorrei un altro cuscino 6 a San Giorgio b 20% c No 8 a domani mattina desịdero la sveglia alle sei b Dove posso parcheggiare? c può far portare i bagagli in cạmera?

Mini-test

1 Questa è la cạmera duecentonove. 2 Non c'è acqua calda in bagno. 3 La doccia non funziona. 4 Ha una lista degli alberghi di questa città? 5 Ha un posto per una roulotte? 6 Dov'è l'acqua potạbile?

Unit 15

Understood?

1 Panini imbottiti   2 Un 'tost'   3 In autostrada   4 In trattoria

Practice

1 Un tavolo per due; possiamo sedere fuori?; un analcolico e un succo di pomodoro senza ghiaccio   2 **a** con il secondo piatto **b** carni varie e verdure miste **c** no   3 Che cos'è manzo brasato con lenticchie? Che cosa vuol dire/significa marsala? La cotoletta alla milanese è carne fritta? Come si dice *chop* in italiano?   4 Sì, grazie, io salto l'antipasto; prendo zuppa di verdura e agnello arrosto; come contorno prendo carciofi fritti e patate arrosto; il signore prende verdure ripiene e pollo alla cacciatora con insalata; da bere mezza caraffa di vino rosso della casa e mezza bottiglia di acqua minerale   5 Sì, grazie; io vorrei la torta della casa e per il signore del formaggio; un digestivo, un caffè e il conto per favore

Mini-test

1 c'è troppo sale nella zuppa   2 vorrei del pane per favore   3 il pollo è freddo   4 la bistecca non è ben cotta   5 non c'è pepe sul tavolo

Unit 16

Understood?

1 V   2 F   3 F   4 F   5 V

Practice

1 **a** sì, ci sono fiori nel mio giardino **b** io curo il giardino **c** ci sono alcuni alberi **d** sì, ho un orto e preferisco curare l'orto **f** preferisco i fiori di campo **g** la mia casa è antica **h** nella mia casa ci sono tre camere **i** ci sono due bagni **j** non c'è uno studio **k** ci sono due salotti   3 **a** ho un fratello e una sorella **b** mio fratello ha 44 anni **c** mia sorella ha 38 anni **d** mio fratello è biologo, mia sorella è avvocatessa e ho un cane e un gatto **f** vado in ferie il 15 luglio per 3 settimane **g** sono simpatici   5 **a** preoccupato! **b** felice! **c** triste! **d** fame! **e** freddo! **f** sete!   6 **a** F **b** V

Mini-test

1 Ho caldo   2 È simpatica   3 È antipatica   4 È stanco   5 Ha ragione   6 Ha torto   7 Ho voglia di un gelato   8 Ho bisogno di una vacanza

Unit 17

Understood?

1 b   2 a   3 b

Practice

1 a una scottatura b irritata c mal di testa; nausea; bruciore alla pelle
d tre e impacco freddo; pomata emolliente   2 1, 4, 7, 6, 5, 2, 3, 8
3 a il calcio b tennis, nuoto, sci   c acquatico d no   4 Here are some
possible answers: il nuoto è uno sport energetico; la box è uno sport
brutale; la maratona è uno sport monotono; il ciclismo è uno sport
facile; lo sci è uno sport pericoloso; il golf è uno sport rilassante;
l'alpinismo è uno sport esilirante   5 a the day after tomorrow b 8.30
c no d no, the theatre is in Genova, the visiting company is from Trieste
6 a V b V c F

Mini-test

1 Due posti per la commedia   2 A che ora comincia l'opera?   3 Lei
pratica uno sport?   4 L'ingresso è libero?   5 Ha due posti in platea?
6 Chi vince?   7 Gioco a tennis   8 Non mi sento bene   9 Ho una
leggera scottatura   10 È una puntura d'insetto

Unit 18

Understood?

1 No   2 Sulle Alpi e sugli Appennini   3 No

Practice

1 a sereno b agitato/mosso c vento d temporale e nebbia f nevica   2 a
oggi fa molto freddo b il cielo è sereno c fa bel tempo d non piove/c'è
il sole e il tempo è umido f la temperatura è alta   3 No   4 a ii; b i; c
iv; d iii; e v   5 a durante la prima metà d'agosto b dopo il Ferragosto

Mini-test

a V b F c F d V e V f F

Unit 19

Understood?

1 All'uscita   2 No, non in tutte   3 No

Practice

1 il pieno per favore. Super. No grazie, l'acqua va bene; può controllare l'olio? Può pulire il parabrezza?; Quant'è?   2 Vorrei noleggiare un'automobile. Voglio un'automobile piccola. Sì una Seicento va bene; ha il chilometraggio illimitato? Quanto costa al giorno? La benzina è inclusa?   3 a i no ii no iii no iv 1 hour b i It will be towed away ii No, they can park in the designated spaces c i It is forbidden to cross the railway line ii a subway   4 a aiuto! b attenzione! c presto!   5 a F b F c V d F

Mini-test

1 il pieno, per favore   2 può controllare l'olio?   3 può cambiare la gomma?   4 presto, chiami i pompieri!   5 vorrei noleggiare un'automobile   6 dieci euro di benzina   7 trenta litri di gasolio   8 ho una gomma a terra

Unit 20

Understood?

1 F   2 V   3 F

Practice

1 Desidero prenotare una camera a due letti con bagno, per sette notti, dal 15 al 21 aprile. Vi prego di comunicarmi il prezzo giornaliero per persona, mezza pensione, e anche se offrite riduzioni per bambini. In attesa di una Vostra risposta, porgo distinti saluti.   2 Pronto. Sono il signor Bentley; ho una prenotazione nel vosto albergo per domani. Sono il signor Bentley; ho prenotato due camere per domani. Bi-e-enne-ti-elle-e-ipsilon. Sì, arrivo domani sera. Grazie a Lei, buonasera.   3 b i no ii no ii no iv no   4 Compro i fiori e ritorno alle sette

Mini-test

1 Devo scrivere una lettera   2 Pronto, chi parala?   3 Ho sbagliato numero   4 Non ricordo   5 Ho dimenticato   6 Desidero imparare la lingua   7 Voglio un rimborso

Self-assessment tests

Test 1: Units 1–10

1 a Sono.....; sono......; vengo da/sono di...... **b** piacere **c** Parli più lentamente, per favore **d** (Lei) parla inglese, signora? **e** Io parlo inglese, tedesco e italiano. Sono insegnante. Sono sposato(-a) **f** Dov'è la banca? C'è un supermercato qui vicino? **g** Quanto costa un chilo di pane?

2 a la **b** il **c** il **d** il **e** la **f** la **g** l' **h** l' **i** lo **j** gli

3 a You must pay at the cash desk **b** I must go to the bank **c** I prefer to go to the theatre **d** I don't understand French **e** I am a foreigner **f** Sit down/make yourself comfortable *or:* at home

4 a -o **b** -iamo **c** -ono **d** -e **e** -ano **f** -a

5 a duemilatrecentocinquanta **b** milleduecentonovanta **c** cinquecentoquarantasei **d** un milione **e** settecentoquarantaduemila **e** due virgola cinque **f** trentasettesimo

6 a6 **b**3 **c**2 **d**4 **e**1 **f**10 **g**5 **h**9 **i**7 **j**8

7 a Quando ti alzi? **b** Qual è il contrario di sporco? **c** Di che colore è la tua/Sua auto(mobile)? **d** Quant'è? **e** A che ora parti? **f** Che cosa vuoi fare oggi?/Dove vuoi andare oggi? **g** Ti piace? **h** Che cos'è? **i** Ti piacciono? **j** A che binario arriva?

8 a primo luglio **b** valuta **c** è arrivato **d** dieci e mezzo **e** niente **f** è partita

9 a È la prima volta che finisco il lavoro in anticipo/presto/prima. **b** L'ascensore non funziona mai **c** Vogliono andare a Roma a luglio **d** Sappiamo che non potete stare **e** Puoi andare dopodomani **f** Conosce la seconda moglie di mio nonno?

10 a aperto, perso, fatto, stato **b** mai **c** Quel negozio/Quell'auto(mobile) *or* Quella macchina/Quegli studenti **d** All'arrivo/al binario/sul tavolo *or* sulla tavola **e** Noi parliamo bene inglese ma tu parli meglio **f** Lo vedo tutti i giorni

Test 2: Units 11–20

1 Check in the food list on page 96

2 Check in the clothes list on page 101

3 a Vorrei/Desidero cambiare dollari in euro **b** Quant'è il cambio oggi? **c** Il mio indirizzo in Italia è... **d** Vorrei/Desidero incassare un assegno **e** Scusi, dov'è la fermata dell'autobus? **f** Devo prendere il vaporetto. Sa dove arriva? **g** Mi può consigliare un albergo tranquillo, non troppo caro? **h** Ho perso la carta d'identità **i** Mi può dare un toast e una spremuta d'arancia? **j** Posso sedere al piano di sopra? **k** Preferisco venire in città al mattino presto **l** Quante volte al giorno devo prendere queste gocce?

4 a No, gioco a tennis. Sai a che ora aprono i negozi? **b** Perché voglio comprare un paio di scarpe **c** Quaranta. Sai se c'è una cabina telefonica / un telefono pubblico qui vicino? **d** Devo fare una telefonata   e Ritorno all'albergo   f È a cinque minuti da qui   g No, devo andare avanti dritto, poi girare a sinistra e camminare per due minuti   h No, a piedi.

5 ORIZZONTALI: **2** prenotazione **3** sbaglio **5** patente **8** matrimoniale **9** potabile   VERTICALI: **1** singola **2** portineria **4** bagno **6** cognome **7** facchino

6 a Antipasti / Primi piatti / Secondi piatti / Contorni / Formaggi / Frutta e dolce   **b** Check the menu on page 135.

7 a Falso   **b** Falso   **c** Vero   **d** Vero   **e** Falso   **f** Vero   **g** Falso   **h** Falso
8 1c   2c   3b   4a   5b   6c
9 a nebbia   **b** temporale   **c** caldo   **d** afose   **e** nuvoloso   **f** rifugio **g** occhiali   **h** pericoloso   **i** traffico   **j** ingorghi.
10
30. 4. 2004
Spett.le Ditta Sorini,
Ci dispiace informarVi che non possiamo consegnare/consegnarVi l'automobile che avete ordinato, prima della fine di luglio. Inoltre, sfortunatamente non possiamo offrirVi un'ulteriore riduzione di prezzo.
Vi preghiamo di comunicarci se siete ancora interessati all'acquisto dell'auto.
Ringraziando per la preferenza accordataci, porgiamo distinti saluti.
or:
Ringraziamo per la preferenza accordataci.
Distinti saluti.

11 *Correct statements:* a), e), g), i).

1 The English translations given apply only to the meaning of the word as used in the book.

2 Words ending in -o are to be considered masculine and those ending in -a feminine, in all other cases the gender will be indicated (e.g. **mare (m)**, **automobile (f)**, etc.). Words with two different endings (e.g. **studente, -essa, alto, -a**) are nouns or adjectives with separate masculine and feminine forms.

3 Words ending in -e (e.g. **felice, dirigente**) with no indication of gender are adjectives or nouns suitable to both the masculine and feminine forms.

4 Verbs are given in their infinitive form (ending in -**are**, -**ere** and -**ire**).

abbastanza *enough, rather*
abbigliamento *clothing, clothes*
abito *dress, suit*
accettare *to accept*
accomodarsi *to make oneself comfortable, to come in, to take a seat*
accordo *agreement,* d'accordo *okay*
accorgersi *to realise*
acqua *water*
addirittura *even, actually*
addormentarsi *to fall asleep*
adesso *now*
affittare *to let, to rent*
afoso, -a *sultry*
agitato *(sea) rough*
aiutare *to help*

aiuto! *help!*
alba *dawn*
albergo *hotel*
albero *tree*
alcuni, -e *some, a few*
alimentare: generi alimentari *foodstuffs*
allegare *to enclose*
allora *then*
alto, -a *high*
altro, -a *other*
alzarsi *to get up, to rise*
amaro *bitter*
ambulatorio *surgery*
amico, -a *friend*
ammettere *to admit*
anche *also, too*
ancora *yet, again, still*

andare *to go*
animale (m) *animal*
antico -a *old, antique*
anticipo *early (timetable)*
antipatico, -a *unpleasant*
anziano, -a *elderly*
appassionato, -a *enthusiast, fan*
applicare *to apply*
appunto *note, memorandum*
aprire *to open*
arancione *orange colour*
arbitro *referee*
area di servizio *(motorway) service area*
argomento *topic, subject matter*
aria *air*
arredamento *furnishing*
arrivare *to arrive*
arrivo *arrival*
ascensore *lift, elevator*
asciugamano *towel*
asciutto, -a *dry*
ascoltare *to listen (to)*
aspettare *to wait (for)*
assegno *cheque*
assortimento *selection, choice*
attendere *to wait (for)*
attraversare *to cross*
attualità *current affairs, topical subject*
aumentare *to increase*
autonoleggio *car hire, car rental*
autorimessa *garage*
autostrada *motorway*
autovettura *car*
avanti *further on, forward*
avere *to have*
avversario *opponent*
avvicinarsi *to approach, to come nearer*
avviso *notice, announcement*
avvocato, -essa *lawyer, attorney*
azzurro, -a *blue*

bagaglio, bagagli *luggage*
bagnino, -a *beach attendant*
bagno *bathroom,* fare il bagno *to swim, to have a bath*
bambino, -a *child*

bandiera *flag*
barra *slash*
basso, -a *low*
bello, -a *beautiful, handsome*
benché *although*
bene *well,* benissimo *very well*
benzina *petrol, gasoline*
bere *to drink*
bianco, -a *white*
bibita *drink*
bigliettaio, -a *ticket collector*
biglietto *ticket, banknote*
binario *platform*
bisognare *to be necessary*
bisogno *need*
blu *navy blue*
bombola *gas bottle, cylinder*
borsa *bag*
bottiglia *bottle*
bravo, -a *good (at something)*
brezza *breeze*
bruciore *burning sensation*
brutto, -a *ugly, (weather) bad*
buca delle lettere *letter/mailbox*
buffo, -a *funny*
buono, -a *good*
busta *envelope*

cabina *booth, kiosk, cabin*
calcio *football*
caldo, -a *hot*
cambiare *to change*
cambio *exchange bureau*
camera *room, bedroom*
cameriere, -a *waiter, waitress*
camerino *fitting room*
camicia, camicetta *shirt/blouse*
caminetto *fireplace*
campagna *countryside*
campanello *door bell*
campeggio *campsite*
cane (m) *dog*
cappuccino *white coffee made with expresso machine*
carbonella *charcoal*
carne (f) *meat*
caro, -a *dear, expensive*
cartello *signpost, notice*
cartolina *postcard*

casa   *home, house*
casalingo, -a   *home-made,*
  housewife
caso   *case, event*
cassa   *cash desk, cashier's desk*
cassetta   *letter box; mailbox*
cassiere, -a   *cashier*
categoria   *class (of hotel),*
  category
cattivo, -a   *bad*
cena   *dinner, supper*
cenare   *to have supper, to dine*
centesimi   *cents*
centralino   *telephone exchange,*
  operator
cercare   *to look for*
certamente/certo   *certainly, surely*
che   *which, that, who, whom*
chi?   *who?*
chiamare   *to call,* chiamarsi   *to*
  be called
chiaro   *clear*
chiave   *key*
chiedere   *to ask*
chiesa   *church*
chilo   *kilo*
chiocciola   *'at' sign*
chiudere   *to close, to shut*
chiuso, -a   *closed, shut*
cibo, cibi   *food*
cielo   *sky*
cintura   *belt*
circa   *about*
città   *town, city*
classe (f)   *class*
cliccare   *to click*
coda   *queue, tail*
codice (m)   *code*
cognome (m)   *surname*
coincidenza   *connection*
colazione (f)   *breakfast, lunch,*
  prima colazione   *breakfast*
collegare   *to link, to join*
colore (m)   *colour*
come   *as, like, how*
cominciare   *to start, to begin*
commedia   *play*
commesso, -a   *shop assistant*
comodo, -a   *comfortable,*
  convenient

compilare   *to fill in (a form)*
compito   *homework*
compleanno   *birthday*
completo, -a   *complete, included*
comporre il numero   *to dial (the*
  number)
comprare   *to buy*
compreso, -a   *included*
comunicare   *to communicate*
con   *with*
confermare   *to confirm*
coniare   *to invent, to coin (a*
  word)
conoscere   *to know, to be*
  acquainted with
consegnare   *to deliver*
consigliare   *to advise*
contante   *ready money, cash*
conto   *bill, check; account*
contrario, -a   *contrary, opposite*
contro   *against*
controllare   *to check*
coperta   *blanket*
coperto   *overcast; (restaurant)*
  cover charge
coppia   *couple, pair*
corrente (f)   *current*
corso   *course; avenue, main street*
corto, -a   *short*
cosa   *thing*
così   *so, thus*
costare   *to cost*
costume da bagno   *bathing suit*
cucina   *cuisine, kitchen*
cucinare   *to cook*
curare   *to cure; to take care of*

dappertutto   *everywhere*
dare   *to give,* dato   *given*
dattilografo, -a   *typist*
denaro   *money*
dente (m)   *tooth*
descrivere   *to describe*
desiderare   *to wish*
destra   *right,* a destra   *on the*
  right
dettaglio   *detail*
di fronte   *opposite*
dietro   *behind*
dimenticare   *to forget*

dire *to say, to tell,* detto *said, told*
direttamente *directly*
direzione (f) *management*
dirigente/direttore *manager*
diritto *(law) right*
discrezione (f) *discretion*
dispiacersi *to be sorry*
distributore (m) *vending machine,* distributore di benzina *petrol/gasoline pump*
disturbo *indisposition*
divertimento *amusement*
divertirsi *to amuse onself*
dividere: diviso *divided by*
divieto *prohibition*
divorziato, -a *divorced,* divorzio *divorce*
doccia *shower*
documento *document*
domanda *question, request, application*
domandare *to ask*
domani *tomorrow*
domestico, -a *domestic, household*
donna *woman*
dopo *after;* dopodomani *the day after tomorrow*
doppio *double*
dormire *to sleep*
dottore, dottoressa (f) *doctor*
dove *where*
dovere *must, to have to; duty*
dozzina *dozen*
dritto *straight*
dunque *well, so, therefore*
duomo *cathedral*
durare *to last*
durante *during*

eccetto *except*
ecco *here it is, here they are*
edicola *newspaper kiosk*
edificio *building*
elenco *list,* elenco telefonico *telephone directory*
entrare *to enter, to come/go in*
entroterra *inland*

esattamente *exactly*
esaurito, -a *sold out*
espresso *express*
essere *to be*
est *east*
estero *foreign*
esteso, -a *extended*
età *age*
etto *100 grams*
euro *Euro*
evitare *to avoid*

fabbrica *factory*
facchino *porter*
facile *easy*
facoltà *faculty*
facoltativo, -a *optional*
fame (f) *hunger*
fare *to do, to make,* fatto *made, done*
fare il numero *to dial (the number)*
farsi la barba *to shave*
felice *happy*
feriale: giorno feriale *working day*
fermare, fermarsi *to stop,* fermata *stop*
festa *public holiday; party*
festivo *festive, holiday*
fetta *slice*
fila *row*
fine (f) *end*
finestra *window*
finire *to finish, to end*
fiore (m) *flower*
firmare *to sign*
formulario *form*
forno *oven*
fra *between, among*
francobollo *stamp*
freddo, -a *cold*
frequentare *to attend, to frequent*
fresco, -a *cool, fresh*
fretta *hurry*
frigo *fridge*
fumare *to smoke*
funzionare *to work, to function*

fuori   *outside*

gabinetto   *toilet*
galleria   *tunnel, (theatre) circle*
gara   *race*
gasolio   *diesel*
gatto   *cat*
generale   *general*
genere (m)   *kind, type*
gentile   *kind, polite*
gestire   *to run, to manage*
gettone (m)   *token, counter*
ghiaccio   *ice*
giallo   *yellow*
giardino   *garden*
giocare   *to play*
giornale   *newspaper*
giornaliero, -a   *daily*
giornata, giorno   *day*
giovane   *young*
gioventù   *youth*
girare   *to turn*
goccia   *drop*
godere   *to enjoy*
gola   *throat*
gomma   *tyre, rubber*
gonna   *skirt*
grana padano   *a kind of parmesan cheese*
grande   *large, big,* grande magazzino   *department store*
grandinare   *to hail,* grandine (f)   *hailstone*
gratuito, -a   *free of charge*
grazie   *thank you*
grigio   *grey*
griglia   *grill,* alla griglia   *grilled*
guardare   *to look at*
guasto,-a   *out of order, broken down*
guidare   *to drive*
gusto   *taste*
ieri   *yesterday*
illimitato, -a   *unlimited*
immaginare   *to imagine*
impacco   *compress*
imparare   *to learn*
incartare   *to wrap*
incidente (m)   *accident*

incluso, -a   *included*
incontrare   *to meet*
incoraggiare   *to encourage*
indicare   *to show, to point out*
indietro: tornare indietro   *to go back*
indirizzo   *address*
indisposizione (f)   *slight ailment*
infermiere, -a   *nurse*
informare   *to inform*
informatica   *computer science*
ingorgo   *(traffic) jam*
ingresso   *entrance*
iniezione (f)   *injection*
iniziare   *to start, to begin*
inoltre   *also, besides, moreover*
insegnante   *teacher*
insetto   *insect*
insieme   *together*
interessante   *interesting*
intero, -a   *whole*
interrotto, -a   *interrupted*
inviare   *to send*
irritato, -a   *irritated*
iscriversi   *to enrol*

laggiù   *over there, down there*
lampeggiare   *to flash with lightning*
lampo   *lightning*
lana   *wool*
largo   *wide*
lasciare   *to leave, (allow) to let*
lato   *side*
lattina   *tin, can*
lavare   *to wash,* lavarsi   *to wash oneself*
lavorare   *to work*
lavoro   *work*
legge (f)   *law*
leggere   *to read*
leggero, -a   *light, mild, weak*
lentamente   *slowly*
lento, -a   *slow*
letto   *bed*
libero   *vacant, free*
libro   *book*
lingua   *language, tongue*
località   *place, (holiday) resort*

locanda *inn*
loggione (m) *gallery (theatre)*
lontano *far, remote*
loro (il, la, i, le) *their, theirs*
lunghezza *length*
lungo, -a *long*
lungomare (m) *sea-front, promenade*
luogo *place,* ha luogo *takes place*
lusso *luxury*

ma *but*
magazzino *store,* grande magazzino *department store*
maggioranza *majority*
maglia *jersey, sweater*
maglietta *t-shirt, jumper*
mai *never, ever*
malattia *illness*
male (m) *badly; illness, ache,* sentirsi male *to feel ill*
mancia *tip*
mandare *to send*
mangiare *to eat*
mantenersi *to keep (oneself);* mantenersi in forma *to keep fit*
mare *sea*
marrone *brown*
massimo: al massimo *at the most*
matrimoniale *(of bed) double bed*
mattina *morning*
maturo, -a *ripe*
medio, -a *medium*
medico *physician*
meglio *better*
meno *less, minus*
mentre *while*
merenda *snack, afternoon tea*
meridionale *southern*
metà *half, middle*
mettere *to put*
mezzanotte *midnight*
mezzo *half, middle*
mezzogiorno *midday*
migliorare *to improve*

il mio, la mia, i miei, le mie *my, mine*
misto, -a *mixture*
mite *mild (climate)*
mittente (m) *sender's address*
modello *style, type*
moderato, -a *moderate*
modico, -a *reasonable, moderate*
modulo *form*
molto, -a *much, many, very, a lot*
moneta *coin, money*
mosso, -a *(sea) rough*
mostrare *to show*
mucca *cow*

nebbia *fog*
necessario, -a *necessary*
negozio *shop*
nero *black*
nessuno *nobody*
neve *snow,* nevicare *to snow*
niente *nothing*
noia *nuisance*
noleggiare *to hire*
nome (m) *name, first name*
nord *north*
il nostro, la nostra, i nostri, le nostre *our, ours*
nostrano *home grown, locally produced*
nota *note*
notizia *piece of news*
nuotare *to swim,* nuoto *swimming*
nuovo, -a *new*
nuvola *cloud,* nuvoloso *cloudy*

obbligatorio *compulsory, obligatory*
occhio *eye*
occhiali *glasses*
occupato *engaged, busy*
oggi *today*
ogni *every, each*
olio *oil*
ombrello *umbrella,* ombrellone *beach umbrella*
onesto, -a *honest*

opera *work, opera*
oppure *or*
ora *hour, now*
orario *timetable*
ordinare *to order*
orologio *clock, watch*
ospedale (m) *hospital*
ospite *guest*
ovest *west*

pacchetto *packet*
pacco *parcel*
paese (m) *country, village*
pagare *to pay*, pagamento
  payment
paio (pl. paia) *pair*
palestra *gymnasium*
pantaloni *trousers*
parabrezza *windscreen*
parcheggiare *to park*
parcheggio *car park*
parco *park*
pareggiare *to draw*
Parigi *Paris*
parlare *to speak, to talk*
partenza *departure*
partire *to leave, to depart*
partita *match*
passare *to pass, to spend (time)*
passeggiata *walk, stroll*
passo *pace, stride*
pasto *meal*
patente (f) *driving licence*
peccato *pity*
peggio, peggiore *worse*
pelle (f) *skin, leather*
pensare *to think*
pensione (f) *boarding-house*
per *for*
perché *because, why*
percorso *route, way, course*
perdere *to lose, to miss (e.g. a
  bus)*
pericoloso *dangerous*
periodo *period*
permettere *to allow, to permit,
  to let*, permesso: *let me
  through; allowed*
però *but, however, nevertheless*

pesante *heavy*
pettinarsi *to comb one's hair*
pezzo *piece*
piacere *to please*, mi piace *I
  like*
piano *floor, storey*
piatto *dish*
piazza *square*
piccolo, -a *small*
piede (m) *foot*
pieno, -a *full*, fare il pieno *to
  fill up (the tank)*
pioggia *rain*
piombo *lead*
piove *it's raining*
piscina *swimming pool*
più *plus, more, ...er*
piuttosto *rather, fairly*
platea *stalls*
poco, -a *little, few*, un poco/un
  po'
  a little
poi *then, later (on)*
poltrona *(theatre) stall*
pomata *ointment*
pompiere (m) *fireman*
ponte (m) *bridge*
pontile d'imbarco *jetty*
porta *door*
portare *to carry*
portineria *reception (hotel)*
porto *harbour, port*
possedere *to own*
posta *mail, post office*
posteggiare *to park*
posto *place, seat*
potabile *drinkable*
potere *can, to be able to*
pranzare *to (have) lunch*, pranzo
  lunch
pratica *practice*
precedere *to go/come before*,
  precede
preferire *to prefer*
prefisso *code number*
prego *don't mention it*, prego?
  pardon?
prelevare *to withdraw*
prendere *to take, catch*

prenotare *to book*
prenotazione (f) *booking*
preoccuato *worried*
preparazione (f) *preparation*
preparare *to prepare*
prescrivere *to prescribe*,
  prescritto *prescribed*
presto *early*, presto! *hurry!*
prezzo *price*
primo, -a *first*
principale *main*
promemoria (m) *memorandum/*
  memoranda
proprio, -a *own*
prossimo, -a *next*
pulire *to clean*
punto *dot*
puntura *sting, bite*
purtroppo *unfortunately*

qualche *some, a few, any*
qualcosa *something*
qualcuno *someone*
quale *which*
quando *when*
quanto *how much*
quello, -a *that*
questo, -a *this*
quindi *therefore*

radersi *to shave*
radiatore (m) *radiator*
ragazzo *boy*, ragazza *girl*
ragione (f) *reason*, aver ragione
  to be right
rappresentazione (f) *show,*
  performance
regalo *present*
regolamento *rule, regulation*
restare *to stay, to remain*
resto *(of money) change*
rete (f) *net, web*
riaprire *to reopen, to open again*
richiamare *to call again*
richiedere *to require*
ricordare *to remember*
ridere *to laugh*
ridotto, -a *reduced*
riduzione (f) *reduction*

rifare *to do/make again*
riflettere *to reflect*
rifugio *refuge*
rigido, -a *(of weather) severe*
rimborso *refund*
rimedio *remedy, cure*
ripieno *filling*
riscaldamento *heating*
rispondere *to answer*
risposta *answer*
ritardo *delay*
ritirare *to withdraw*
ritornare *to return*, ritorno
  return
riva *shore*
rivista *magazine*
rosa *pink*
rosso *red*

sabbia *sand*
sacchetto (di plastica) *carrier*
  bag
sala *room*, sala da pranzo *dining*
  room
salire *to go/come up*, salire
  sull'autobus *to get on the bus*
salotto *sitting room*
saltare *to skip*
salutare *to greet*, saluto
  greeting
salute (f) *health*
sangue (m) *blood*
sapere *to know*
sbagliarsi *to be mistaken,*
  sbaglio *mistake*
scarpa *shoe*
scatoletta *tin, can*
scendere *to go/come down,*
  scendere dal treno *to get out*
  of the train
scherzare *to joke*
sciare *to ski*
scomparire *to disappear*
scontento, -a *dissatisfied,*
  displeased
sconto *discount*
scontrino *receipt*
scrivere *to write*
scuola *school*

scuro, -a   *dark*
scusarsi   *to excuse oneself,* scusi
   excuse me
secco   *dry*
sedere, sedersi   *to sit*
seguire   *to follow*
semplice   *simple; single (journey)*
sempre   *always*
sentire   *to hear, to feel*
senza   *without*
sereno, -a   *cloudless, clear*
servire   *to serve*
sete (f)   *thirst*
settentrionale   *northern*
sicuro, -a   *safe, sure, certain*
significare   *to mean, to signify*
simpatico, -a   *nice, pleasant*
singolo, -a   *single*
sinistra   *left*
sito (m)   *site*
soccorso   *aid, assistance,* pronto
   soccorso   *first aid*
soldi (pl)   *money*
sole (m)   *sun*
solito, -a   *usual,* di solito
   usually
solo, -a   *alone, lonely, only*
da solo, -a   *by oneself*
soltanto   *only*
sostanzioso, -a   *substantial*
sotto   *under*
sottopassaggio   *subway,*
   underpass
specchio   *mirror*
specializzato, -a   *specialised*
spedire   *to send*
spesso   *often*
spettacolo   *show, performance*
spiaggia   *beach*
spiegare   *to explain*
spolverare   *to dust*
sporco, -a   *dirty*
sportello   *(office) counter,*
   (station) ticket window
sposato, -a   *married*
spot   *commercial spot*
spuntino   *snack*
squadra   *team*
stanco, -a   *tired*

stare   *to stay,* stato, -a   *stayed,*
   been
stasera   *this evening, tonight*
stesso, -a   *same*
stirare   *to iron*
stomaco   *stomach*
strada   *street, road*
straniero, -a   *foreign, foreigner*
stretto, -a   *tight, narrow*
studiare   *to study*
subito   *at once*
(il) suo, (la) sua, (i) suoi, (le) sue
   his, her, hers, your (formal),
   yours (formal)
surgelato, -a   *frozen*
svegliarsi   *to wake up*
sveglio, -a   *awake*
svendita   *sale*
svestirsi   *to undress*

taglia   *(clothes) size*
tardi   *late*
tascabile   *pocket-size*
tavolo   *table*
teatro   *theatre*
telefonare   *to telephone*
telefonata   *(telephone) call*
telefonista   *operator, telephonist*
teleselezione (f)   *STD, direct*
   dialling system
televisore (m)   *television set*
temporale (m)   *storm*
tenda   *tent*
termine   *term*
terra: una gomma a terra   *a flat*
   tyre
terreno   *land, ground*
testa   *head*
tiepido   *lukewarm*
timbrare   *to stamp*
tipo   *type, kind*
tirare: tira vento   *it's windy*
tornare   *to return*
torre (f)   *tower*
tosse (f)   *cough*
tra   *between, among*
tramezzino   *sandwich*
tramonto   *sunset*
tranquillo, -a   *calm, peaceful*

trattato   *treaty; treated*
trattoria   *restaurant, country inn*
triste   *sad*
troppo   *too much*
trovare   *to find*
il tuo, la tua, i tuoi, le tue   *your, yours*
tuonare   *to thunder,* tuono *thunder*
turno   *turn,* chiuso per turno *closed by rota*
tutto   *all, everything*

uccello   *bird*
ufficiale   *official*
ufficio   *office*
ultimo, -a   *last, latest*
umido   *humid, damp*
un, uno, una, un'   *a, an, one*
uomo   *man*
usare   *to use*
uscire   *to go/come out*

vaglia postale   *postal order*
valigia   *suitcase*
valuta   *currency*
vaporetto   *water-bus, steamboat*
variare   *to vary*

vecchio   *old*
vedere   *to see*
vedovo, -a   *widower, widow*
vendere   *to sell*
venire   *to come*
vento   *wind*
verde   *green*
versamento   *(commerce) deposit*
vestirsi   *to get dressed*
vestito   *dress, suit*
via   *road, street*
viaggiare   *to travel*
vicino, -a   *near, nearby; neighbour*
vietato   *forbidden*
vigili del fuoco   *firemen*
villeggiatura   *holiday, vacation*
vincere   *to win*
viola   *violet*
vivanda   *food*
vivere   *to live*
volere   *to want*
(il) vostro, (la) vostra, (i) vostri, (le) vostre   *your(s) (pl)*
volta   *time,* una volta   *once*

zona   *area*

The Italian translations given apply only to the meaning of the word as used in the book.

about circa
to accept accettare
account conto
ache male, dolore
address indirizzo
to admit ammettere
to advise consigliare
again ancora
against contro
age età
agreement accordo
air aria
to allow permettere
also, too anche, inoltre
although benché
always sempre
among tra, fra
to amuse (oneself) divertirsi
amusement divertimento
announcement annuncio
application domanda
to apply iscriversi
area zona
to arrive arrivare, *arrival* arrivo
to ask domandare
assistant (shop) commesso, -a
'at' sign chiocciola
to attend frequentare
attorney avvocato
avenue corso, viale

to avoid evitare
awake sveglio, -a

bad cattivo, -a
badly male
bag borsa
to bathe fare il bagno
bathroom (stanza da) bagno
bay leaf alloro
to be essere
beach spiaggia
beach attendant bagnino
beautiful bello, -a
because perché
bed letto
bedroom camera
to begin cominciare, iniziare
behind dietro
bell (door) campanello
belt cintura
better meglio, migliore
between tra, fra
big grande
bill conto
bird uccello
bite (insect) puntura
bitter amaro, -a
black nero, -a
blanket coperta
blood sangue (m)
blouse camicetta

blue azzurro, *navy blue* blu
boarding house pensione
boat barca, battello
book libro, *to book* prenotare
booking prenotazione
bottle bottiglia
box scatola
breakfast colazione (f)
breeze brezza
bridge ponte (m)
brown marrone
building edificio, palazzo
burn, scald scottatura
busy occupato, -a
but ma
to buy comprare
to call chiamare
calm calmo -a, tranquillo -a
campsite campeggio
can lattina; (*to be able*) potere
card carta, (*post-*) cartolina
carrier (bag) borsa di plastica
to carry portare
cash (desk) cassa, *to cash*
  prelevare
cashier cassiere, -a
cat gatto, -a
category categoria, classe
cathedral duomo, cattedrale
cent(s) centesimo, -i
certainly certamente, certo
to change cambiare
charcoal carbonella
to check controllare
cheque assegno
child bambino, -a
choice scelta
church chiesa
circle (theatre) platea
clean pulito, -a
clear (sky) sereno
to click cliccare
clock orologio
to close chiudere
closed chiuso, -a
clothes, clothing abbigliamento
cloud nuvola
cloudless sereno
code (postal) codice,
  (*phone*) prefisso

coin moneta
cold freddo, -a
colour colore
to comb (one's hair) pettinarsi
to come venire
comfortable comodo
compress impacco, compressa
compulsory obbligatorio, -a
computer science informatica
commercial spot
to communicate comunicare
to confirm confermare
connection (e.g. train)
  coincidenza
contrary contrario, opposto
to cook cucinare
cool fresco, -a
to cost costare
cough tosse (f)
country paese (m)
couple coppia, paio
course corso
cow mucca
craft (boat) imbarcazione
to cross attraversare
to cure curare
currency valuta
current account conto corrente
cylinder (gas) bombola

daily giornaliero, -a
dangerous pericoloso, -a
dark scuro, buio
dawn alba
dear caro, -a
delay ritardo
to deliver consegnare
to depart (to leave) partire
department store grande
  magazzino
departure partenza
to deposit depositare
to describe descrivere
detail dettaglio
to dial (the number) fare,
  comporre (il numero)
to dine cenare
dining room sala da pranzo
dinner cena
directly direttamente

directory guida telefọnica
dirty sporco, -a
to disappear scomparire
discount sconto
dish piatto
dissatisfied scontento, -a
divided (by) diviso
divorce divorzio, *divorced*
  divorziato, -a
to do fare, *done* fatto
doctor dottore, dottoressa (f)
dog cane (m), cagna (f)
door porta
dot punto
double doppio, -a
down giù, *down there* laggiù
dozen dozzina
to draw (match) pareggiare
dress ạbito, vestito
to drink bere, *drink* bevanda
drinkable potạbile
to drive guidare
drop goccia
dry secco, -a; asciutto, -a
damp ụmido, -a
during durante
dust pọlvere
duty dovere

each ogni, ciascuno
early presto; in anticipo
east est, *eastern* orientale
easy fạcile
to eat mangiare
elderly anziano, -a
elevator ascensore
to enclose acclụdere
to encourage incoraggiare
end fine (f)
engaged occupato, -a
to enrol iscrịversi
to enter entrare
envelope busta
error errore, sbaglio
even, actually addirittura
evening sera
every ogni
everything tutto
everywhere dappertutto
exactly esattamente

except eccetto
to excuse scusare
expensive caro, -a
to explain spiegare
extended esteso, –a
eye occhio

factory fạbbrica
faculty facoltà
fairly abbastanza
fan tifoso, -a
far lontano
fare tariffa, prezzo del biglietto
few pochi, poche
filled imbottito, -a
filling ripieno
to find trovare
to finish finire
fireman pompiere, vịgile del
  fuoco
first primo, -a
flag bandiera
flat appartamento
floor piano
flower fiore (m)
fog nebbia
to follow seguire
food cibo, cibi, alimento
foodstuffs alimentari
foot piede
football calcio
for per
forbidden proibito
foreign, foreigner straniero, -a
to forget dimenticare
form mọdulo, formulario
free lịbero, -a; *free of charge*
  gratuito, -a
fresh fresco, -a
fridge frigo(rifero)
friend amico, -a
frozen congelato, -a, surgelato
to function funzionare
funny buffo
furnishing arredamento
further (on) avanti

gallery (theatre) loggione
garage autorimessa, garage
garden giardino

girl ragazza
to give dare
glasses occhiali
to go andare
good buono, -a
graduate laureato, -a
green verde
greet salutare, *greeting* saluto
grey grigio, -a
gymnasium palestra

to hail grandinare, *hailstone* grandine (f)
half mezzo; metà (f)
hello ciao, *(telephone)* pronto
happy felice
harbour porto
to have avere
health salute
to hear sentire
heating riscaldamento
heavy pesante
help aiuto, *to help* aiutare
high alto, -a
to hire noleggiare; prendere in affitto
his, her(s) il suo, la sua, i suoi, le sue
home casa
honest onesto, -a
hospital ospedale
hot caldo, -a
hotel albergo
hour ora
housewife casalinga
how come
however però, tuttavia
hunger fame
hurry fretta
ice ghiaccio
illness malattia
to improve migliorare
included incluso, -a
to increase aumentare
indisposition disturbo
to inform informare
injection iniezione
inland entroterra
inn locanda
insect insetto

interrupted interrotto, -a
to invent coniare
iron ferro
irritated irritato, -a

jam (traffic) ingorgo
jetty pontile d'imbarco
to join unire
to joke scherzare
jumper maglietta

to keep (oneself) mantenersi; mantenersi in forma *to keep fit*
key chiave (f)
kilo chilo
kind gentile; tipo
kiosk (telephone) cabina; *(newspaper)* edicola
kitchen cucina
to know sapere, conoscere

labourer operaio
land terra
language lingua
large grande
last ultimo, -a
late tardi
to laugh ridere
law legge (f)
lawyer avvocato
lead piombo
to learn imparare
leather pelle
to leave lasciare
left sinistra
length lunghezza
less meno
to let affittare, dare in affitto
letter/mail box buca delle lettere
licence (driving) patente
lift ascensore, elevator
light leggero, -a
lightning lampo
to like piacere; *like* come
to link collegare
to listen (to) ascoltare
little piccolo, -a
to live vivere, *(inhabit)* abitare
long lungo, -a
to look (at) guardare

to lose perdere
low basso, -a
luggage bagaglio
lukewarm tiepido, -a
lunch pranzo, seconda colazione
luxury di lusso

machine macchina
magazine rivista
mail posta
mailbox buca della posta
main principale
majority maggioranza
to make fare
man uomo
to manage gestire
management direzione
many molti, -e
married sposato, -a
match partita
meal pasto
to mean significare
meat carne
medium medio, -a
to meet incontrare
memorandum promemoria
midday mezzogiorno
midnight mezzanotte
mild leggero, -a
mine il mio, la mia, i miei, le mie
mineral minerale
minus meno
mirror specchio
mistake sbaglio
mistaken sbagliato
mixture misto
money denaro, soldi
more più, di più
morning mattino, mattina
motorway autostrada
much molto, -a
must devo, devi, deve, etc.
my, mine il mio, la mia, i miei, le mie

name nome (m)
named chiamato, -a
narrow stretto, -a
near vicino

necessary necessario, -a
to need avere bisogno (di)
net, web rete
never mai
new nuovo, -a
news notizia
newspaper giornale (m)
next prossimo, -a
nobody nessuno
north nord, *northern* settentrionale, del nord
note nota
notice avviso
now adesso, ora
nuisance noia
nurse infermiere, -a

obligatory obbligatorio, -a
office ufficio
often spesso
oil olio
ointment pomata
old vecchio, -a
only solo, soltanto, solamente
open aperto, -a
opponent avversario
opposite contrario, -a; opposto, -a
optional facoltativo, -a
or oppure, o
orange (colour) arancio, arancione
orangeade aranciata
to order ordinare
other altro, -a
our il nostro, la nostra, i nostri, le nostre
outside fuori
oven forno
own proprio, -a

pace passo
packet pacchetto
pair paio
parcel pacco
pardon? prego?
Paris Parigi
park parco; *car park* parcheggio
party festa

to *pass* passare
to *pay* pagare
payment pagamento
peaceful tranquillo, -a
performance rappresentazione (f), spettacolo
petrol benzina
physician mẹdico; dottore, dottoressa
piece pezzo
pink rosa
pity peccato
place posto
platform binario
play commedia
pleasant simpạtico, -a; piacẹvole
please per favore
pocket-size tascạbile
polite gentile
pool piscina
porter facchino
post office ufficio postale, posta
practice pratica, esercizio
to *prefer* preferire
preparation preparazione
to *prepare* preparare
to *prescribe* prescrịvere
present (gift) regalo
price prezzo
prohibition divieto
promenade passeggiata
to *put* mettere

question domanda

race gara
radiator radiatore (m)
rain pioggia
rate tasso
rather piuttosto
to *read* lẹggere
real vero
to *realise* accorgersi
reasonable ragionẹvole
receipt ricevuta, scontrino
reception (hotel) portineria
red rosso, -a
reduced ridotto, -a
referee ạrbitro
to *reflect* riflettere

refuge rifugio
refund rimborso
regulation regolamento
to *remain* restare, rimanere
remedy cura, rimedio
to *remember* ricordare
remote remoto, lontano
to *rent* prẹndere in affitto, affittare
rental affitto
to *re-open* riaprire
request domanda, richiesta
to *require* richiedere
resort (holiday) località di villeggiatura
to *return* ritornare
right destra, *(law)* diritto
ripe maturo, -a
to *rise (to get up)* alzarsi
road via, strada
room cạmera
rough (sea) agitato, mosso
route percorso, via
rubber gomma
rule rẹgola
to *run* cọrrere

sad triste
sale svẹndita
same stesso, -a
sand sabbia
sandwich tramezzino
school scuola
sea mare (m)
seat posto
sea-front lungomare
to *see* vedere
selection assortimento
to *sell* vẹndere, *sold* venduto
to *send* spedire, mandare
sender mittente
to *serve* servire
severe (weather) rịgido
to *shave* farsi la barba, rạdersi
shirt camicia
shoe scarpa
shop negozio
shore spiaggia
short corto, -a
show spettạcolo,

rappresentazione
shower doccia
to shut chiụdere
side lato
to sign firmare
signpost cartello
single (ticket) andata, corso semplice; *(room)* singola
to sit sedere, sedersi
site sito
sitting-room salotto
size (shoe) numero, *(clothes)* taglia
to ski sciare
skin pelle
to skip saltare
skirt gonna
sky cielo
slash barra
to sleep dormire
slice fetta
slow lento, -a
to smoke fumare
snack spuntino, merenda
to snow nevicare
so così
some alcuni, -e; qualche
someone qualcuno
something qualcosa
sorry (to be) dispiacersi
south sud, meridione
southern meridionale, del sud
to speak parlare
specialised specializzato, -a
square piazza
stalls (theatre) platea
stamp francobollo
to start cominciare, iniziare
to stay stare, rimanere
still ancora
sting puntura
to stop fermare, fermarsi
store (department) grande magazzino
storey piano
storm temporale
street, way via, strada
stride passo
straight dritto, -a
stroll passeggiata

to study studiare, *study* studio
substantial sostanzioso, -a
subway sottopassaggio
suit ạbito, vestito
suitcase valigia
sultry afoso, -a
sun sole (m)
supper cena
sure(ly) certo, certamente
surgery ambulatorio
surname cognome
sweater maglia
sweet dolce
to swim nuotare, *swimming* nuoto

table tạvolo, tạvola
tablet pasticca, compressa
to take prẹndere, *taken* preso
to talk parlare
taste gusto
teacher insegnante
team squadra
tent tenda
term tẹrmine, vocạbolo
thanks grazie
that quello -a, che
theatre teatro
then allora; poi
therefore quindi
their, theirs il loro, la loro, i loro, le loro
thing cosa
to think pensare
thirst sete (f)
this questo -a
throat gola
thunder tuono
ticket biglietto
tight stretto, -a
time ora, tempo
timetable orario
tin lattina, scatoletta
tip mancia
tired stanco, -a
today oggi
together insieme
toilet toeletta, gabinetto
tomorrow domani
too anche

tooth   dente
topic   argomento
towel   asciugamano
tower   torre (f)
town   città
to *travel*   viaggiare
treaty, treated   trattato
tree   albero
trousers   pantaloni
tunnel   galleria
to *turn*   girare, *turn*   turno
type   tipo
typist   dattilografo, -a
tyre   gomma, pneumatico
t-shirt   maglietta
ugly   brutto, -a
under   sotto
to *undress*   svestirsi, spogliarsi
unfortunately   sfortunatamente
unlimited   illimitato, -a
unpleasant   antipatico, -a
to *use*   usare
usual   solito, *usually*   di solito

vacant   libero, -a
to *vary*   variare
vase   vaso
very   molto
village   paese, villaggio
violet, purple   viola
to *wait*   aspettare, attendere
waiting room   sala d'attesa
waiter   cameriere, *waitress*   cameriera
to *wake*   svegliarsi
to *walk*   camminare
to *want*   volere
to *wash*   lavare, to *wash* (oneself)   larvasi

to *watch*   guardare, *watch*   orologio
water   acqua
well   bene
west   ovest, *western*   occidentale
when   quando
where   dove
which   che, quale
while   mentre
white   bianco, -a
who?   chi?
whole   intero, -a
why?   perché?
wide   largo -a
to *win*   vincere
wind   vento
window   finestra
windscreen   parabrezza
with   con
to *withdraw*   ritirare
without   senza
woman   donna
wool   lana
to *work*   lavorare, *work*   lavoro
worried   preoccupato, -a
worse   peggio, peggiore
to *write*   scrivere, *written*   scritto

yellow   giallo, -a
yesterday   ieri
yet   ancora
young   giovane
yours   il tuo, il suo, il vostro, la tua, la sua, la vostra, i tuoi, i suoi, i vostri, le tue, le sue, le vostre
youth   gioventù

index